Jean Anouilh

Eurydice

SUIVI DE

Roméo
et Jeannette

La Table Ronde

Jean Anouilh est né en 1910, à Bordeaux. Il a été secrétaire de Louis Jouvet avant de devenir auteur dramatique. Sa première pièce, *L'Hermine,* a été écrite en 1932. Depuis, Jean Anouilh n'a cessé d'enrichir le répertoire dramatique, avec une œuvre qu'il classe en « pièces roses », « pièces noires », « pièces grinçantes », « pièces brillantes », pièces costumées »...

Eurydice

1941

PERSONNAGES

ORPHÉE
LE PÈRE } *musiciens ambulants.*

EURYDICE
LA MÈRE
VINCENT
MATHIAS } *comédiens.*

DULAC, *impresario.*

LE PETIT RÉGISSEUR

DEUX FILLES DE LA TROUPE

M. HENRI

LE GARÇON D'HÔTEL

LE CHAUFFEUR DE L'AUTOCAR

LE SECRÉTAIRE DU COMMISSARIAT

LE GARÇON DU BUFFET

LA BELLE CAISSIÈRE

PREMIER ACTE

*Le buffet d'une gare de province. Style pompeux,
usé et sali. Tables de marbre, glaces, banquettes de
velours rouge, râpé. Sur sa caisse trop haute, comme
un bouddha sur un autel, la caissière, au gros chignon,
aux seins énormes. De vieux garçons chauves et dignes,
des boules de métal brillant où dorment des torchons
puants.*

*Avant le lever du rideau on a entendu un violon.
C'est Orphée qui joue doucement dans un coin près de
son père, absorbé dans des comptes sordides devant
deux verres vides. Au fond, un seul client, un jeune
homme, chapeau rabattu sur les yeux, en imperméable,
l'air absent. Musique un instant, puis le père s'arrête
de compter, regarde Orphée.*

LE PÈRE

Fiston?

ORPHÉE, *sans cesser de jouer.*

Papa?

LE PÈRE

Tu n'as tout de même pas l'intention de faire
faire la quête à ton vieux père dans un buffet de
gare, fiston?

ORPHÉE

Je joue pour moi.

LE PÈRE *continue*.

Un buffet de gare où il n'y a d'ailleurs qu'un seul
consommateur qui fait semblant de ne pas écouter.
On la connaît, la ficelle. Ils font semblant de ne pas
écouter et puis après ils font semblant de ne pas
voir l'assiette qu'on leur tend. Mais moi je fais
semblant de ne pas voir qu'ils font semblant.

*Un instant pendant lequel Orphée continue
à jouer.*

Ça t'amuse tant que cela, toi, de jouer du violon?
Je me demande comment, étant musicien, tu peux
encore aimer la musique. Moi, quand j'ai bien raclé
pour les imbéciles qui jouent aux cartes dans une
brasserie, je n'ai qu'une envie...

ORPHÉE, *sans s'arrêter*.

Aller jouer aux cartes dans une autre brasserie.

LE PÈRE, *surpris*.

Oui, d'ailleurs. Qui te l'a dit?

ORPHÉE

Figure-toi qu'il y a vingt ans que je m'en doute.

LE PÈRE

Vingt ans. Tu exagères. Il y a vingt ans, j'avais
encore du talent. Comme le temps passe... Il y a
vingt ans, aux beaux jours du symphonique, qui
aurait dit à ton père qu'il en arriverait à pincer de la
harpe aux terrasses des cafés, qui lui aurait dit qu'il
en serait réduit à faire la quête dans une petite
soucoupe?

ORPHÉE

Maman, chaque fois que tu te faisais renvoyer d'une place...

LE PÈRE

Ta mère ne m'a jamais aimé. Toi non plus, d'ailleurs. Tu ne cherches qu'à m'humilier. Mais ne crois pas que je me laisserai éternellement faire. Tu sais qu'on m'a proposé une place de harpiste au casino de Palavas-les-Flots?

ORPHÉE

Oui, papa.

LE PÈRE

Et que j'ai refusé parce que la place de violon n'était pas libre pour toi?

ORPHÉE

Oui, papa. Ou plutôt non, papa,

LE PÈRE

Non, papa? Et pourquoi non, papa?

ORPHÉE

Tu as refusé parce que tu sais que tu joues très mal de la harpe et qu'on t'aurait renvoyé le lendemain.

LE PÈRE *se détourne, ulcéré.*

Je ne te réponds même pas.

Orphée a repris son violon.

Tu continues?

ORPHÉE

Oui. Cela te gêne?

LE PÈRE

Cela m'embrouille. Huit fois sept?

ORPHÉE

Cinquante-six.

LE PÈRE

Tu es sûr?

ORPHÉE

Oui.

LE PÈRE

Comme c'est drôle, j'aurais espéré que cela aurait fait soixante-trois. Huit fois neuf font pourtant tout de suite soixante-douze... Tu sais qu'il nous reste très peu d'argent, fiston...

ORPHÉE

Oui.

LE PÈRE

Et c'est tout ce que tu trouves à dire?

ORPHÉE

Oui, papa.

LE PÈRE

Tu songes à mes cheveux blancs?

ORPHÉE

Non, papa.

LE PÈRE

C'est bon. J'y suis habitué.

Il se replonge dans son addition.

Huit fois sept?

ORPHÉE

Cinquante-six.

LE PÈRE, *amer.*

Cinquante-six... Tu n'aurais pas dû me le redire!

Il ferme son calepin et renonce à ses comptes.

Nous n'avons pas mal mangé ce soir pour douze francs soixante-quinze.

ORPHÉE

Non, papa.

LE PÈRE

Tu as eu tort de prendre le légume. Si tu sais choisir, tu as le légume dans le plat garni, et ils te permettent d'échanger ton légume pour un second dessert. Dans les prix fixes, il est toujours plus avantageux de prendre les deux desserts. La tranche napolitaine était un régal... Dans un sens, tu vois, nous avons mieux mangé ce soir pour douze francs soixante-quinze qu'hier pour treize francs cinquante à la carte à Montpellier... Tu me diras qu'il y avait de vraies serviettes au lieu des serviettes en papier. C'était un établissement qui faisait du genre mais finalement ce n'était pas meilleur. Et tu as vu qu'ils nous avaient compté le fromage trois francs? Si, au moins, ils nous avaient apporté le plateau comme dans les vrais grands restaurants, mais penses-tu! Une fois, fiston, j'avais été invité chez Poccardi, tu sais, boulevard des Italiens. On m'apporte le plateau...

ORPHÉE

Tu me l'as déjà raconté dix fois, papa.

LE PÈRE, *ulcéré.*

C'est bon, c'est bon, je n'insiste pas.

*Orphée s'est remis à jouer. Au bout d'un
moment le père s'ennuie et renonce à bouder.*

Dis donc, fiston, c'est bien triste ce que tu joues.

ORPHÉE

C'est triste aussi ce que je pense.

LE PÈRE

A quoi penses-tu?

ORPHÉE

A toi.

LE PÈRE

A moi? Allons. donc! qu'est-ce que tu vas me
dire encore?

ORPHÉE *s'est arrêté de jouer.*

A toi et à moi.

LE PÈRE

La situation n'est pas brillante, bien sûr, mais
nous faisons ce que nous pouvons, fiston.

ORPHÉE

Je pense que depuis que maman est morte, je te
suis aux terrasses des cafés avec mon violon, je te
regarde te débattre avec tes additions le soir. Je
t'écoute parler du menu du prix fixe et puis je me
couche et je me relève le lendemain.

LE PÈRE

Quand tu auras mon âge, tu sauras que c'est ça,
la vie!

ORPHÉE

Je pense aussi que, tout seul, avec ta harpe, tu ne
pourrais jamais vivre.

LE PÈRE, *soudain inquiet.*

Tu veux me quitter?

ORPHÉE

Non. Il est probable que je ne pourrai jamais te quitter. J'ai plus de talent que toi, je suis jeune et je suis sûr que la vie me réserve autre chose; mais je ne pourrai pas vivre, si je sais que tu crèves quelque part.

LE PÈRE

C'est bien, fiston, de penser à son père.

ORPHÉE

C'est bien, oui; c'est lourd aussi. Quelquefois je rêve à ce qui pourrait nous séparer...

LE PÈRE

Allons, allons, nous nous entendons si bien...

ORPHÉE

Une très bonne place où je gagnerais assez pour te faire une pension. Mais c'est un rêve. Un seul musicien ne gagne jamais assez pour avoir deux chambres, quatre repas par jour.

LE PÈRE

Oh! tu sais, je suis très modeste. Un menu à douze francs soixante-quinze comme aujourd'hui, le café, le pousse-café, et un cigare à trois sous, je suis le plus heureux des hommes.

Un temps. Il ajoute.

Je pourrais, à la rigueur, me passer du pousse-café.

ORPHÉE *continue à rêver.*

Il y a aussi le passage à niveau où le train écraserait l'un de nous deux.

LE PÈRE

Hé là! hé là! lequel, fiston?

ORPHÉE, *doucement*.

Oh! cela m'est égal...

LE PÈRE *sursaute*.

Tu es drôle. Pas moi! Je n'ai pas envie de mourir, moi! Tu as des pensées sinistres, ce soir, mon cher.

Il a un renvoi élégant.

Il était pourtant bon, ce lapin! Ah! sacrebleu, tu me fais rire. A ton âge, je trouvais la vie magnifique.

Il lorgne soudain la caissière.

Et l'amour? As-tu songé qu'il y avait l'amour?

ORPHÉE

L'amour? Qu'est-ce que tu crois que c'est, l'amour? Les filles que je peux rencontrer avec toi?

LE PÈRE

Oh, mon cher, peut-on savoir où l'on rencontrera l'amour?

Il se rapproche.

Dis-moi, je n'ai pas l'air trop chauve? Elle est charmante, la caissière. Un peu gironde peut-être. Plutôt pour moi que pour toi. Qu'est-ce que tu lui donnes, toi, à cette gamine, quarante, quarante-cinq?

ORPHÉE *a un pauvre sourire;*
il lui tape sur l'épaule.

Je sors un peu sur le quai... Nous avons une heure avant le train.

Quand il est sorti, le père se lève, va tourner autour de la caissière qui foudroie du regard ce misérable consommateur. Le père soudain se sent laid, pauvre et chauve; il passe sa main sur sa calvitie et retourne lamentablement prendre ses instruments pour sortir.

EURYDICE *entre brusquement.*

Pardon, monsieur. C'est ici qu'il y avait quelqu'un qui jouait du violon?

LE PÈRE

Oui, mademoiselle. C'était mon fils. Mon fils Orphée.

EURYDICE

Comme c'était joli ce qu'il jouait!

Le père salue, flatté, et sort avec ses instruments. La mère d'Eurydice fait une entrée triomphale. Boa, chapeau à plumes. Elle n'a pas cessé de rajeunir depuis 1920.

LA MÈRE

Eurydice, tu es là!... Il fait une chaleur... J'ai horreur d'attendre dans les gares. Cette tournée est mal organisée comme toujours. Ce régisseur devrait s'arranger pour que les premiers rôles, tout au moins, n'aient pas à attendre éternellement la correspondance. Quand tu t'es bien exaspérée toute la journée dans une salle d'attente, comment veux-tu te donner le soir?

EURYDICE

Il n'y a qu'un train, maman, pour les grands et les petits rôles, et il y a une heure de retard à cause de la tempête d'hier. Le régisseur n'y peut rien.

LA MÈRE

Oh! toi, tu soutiens toujours les imbéciles!

LE GARÇON, *qui s'est approché.*

Qu'est-ce que je sers à ces dames?

LA MÈRE

Tu crois que nous prenons quelque chose?

EURYDICE

Maintenant que tu t'es assise triomphalement dans ce café, il vaudrait mieux.

LA MÈRE

Avez-vous un excellent pippermint? Alors un pippermint. En Argentine ou au Brésil, quand la chaleur était vraiment accablante, j'avais toujours recours au pippermint immédiatement avant d'entrer en scène. C'est Sarah qui m'a donné le truc. Un pippermint.

LE GARÇON

Et pour Mademoiselle?

EURYDICE

Un café.

LA MÈRE

Tiens-toi droite. Comment se fait-il que tu ne sois pas avec Mathias? Il erre comme une âme en peine.

EURYDICE

Ne t'occupe pas de lui.

LA MÈRE

Tu as tort d'exaspérer ce garçon. Il t'adore. Tu as eu tort, d'abord, d'en faire ton amant; cela, je te l'ai dit à l'époque, mais ce qui est fait est fait. D'ailleurs nous commençons et nous finissons toutes par des comédiens, nous autres. A ton âge, j'étais plus jolie que toi, j'aurais pu prétendre à être entretenue par n'importe qui et je perdais mon temps avec ton père... Tu vois le joli résultat. Tiens-toi droite.

LE GARÇON, *qui a apporté les consommations.*

Avec un peu de glace, Madame?

LA MÈRE

Jamais, mon ami, pour la voix. Ce pippermint est exécrable. Je hais la province, je hais les tournées. Mais Paris ne se toque plus que de petites imbéciles qui n'ont pas de seins et sont incapables de dire trois mots sans bafouiller... Qu'est-ce qu'il t'a fait ce garçon, vous n'êtes pas montés dans le même compartiment au départ de Montélimar? Ma petite Eurydice, une mère est une confidente, surtout quand elle a votre âge, enfin je veux dire quand c'est une maman très jeune. Allons, dis-moi, qu'est-ce qu'il t'a fait?...

EURYDICE

Rien, maman.

LA MÈRE

Rien, maman, cela ne veut rien dire. Une chose est sûre, c'est qu'il t'adore. C'est peut-être pour cela que tu ne l'aimes pas. Nous sommes toutes les mêmes. On ne nous refera pas. Il est bon, ce café?

EURYDICE

Je te le donne, je n'en veux pas.

LA MÈRE

Merci. Moi, je l'aime très sucré. Garçon! un

autre morceau de sucre pour Mademoiselle. Tu ne
l'aimes plus?

EURYDICE

Qui?

LA MÈRE

Mathias.

EURYDICE

Tu perds ton temps, maman.

Le garçon a apporté le sucre, maussade.

LA MÈRE

Merci, mon ami. Il est plein de chiures de
mouches, c'est gai! Moi qui ai fait le tour du
monde dans les plus grands hôtels, j'en suis là.
Tant pis. Il fondra...

Elle boit son café.

D'ailleurs, tu as raison. Il faut suivre son instinct
avant tout. Moi, j'ai toujours suivi mon instinct
comme une vraie bête de théâtre que je suis. Il est
vrai que tu es si peu artiste! Tiens-toi droite! Ah!
voilà Vincent! Le chéri. Il a l'air hors de lui. Sois
aimable, je t'en prie. Tu sais que c'est un garçon
auquel je tiens beaucoup.

VINCENT *entre, argenté, beau et mou sous des
dehors très énergiques. Le geste large, le sourire amer,
l'œil vague. Baise-main.*

Ma bonne amie. Et moi qui te cherche partout.

LA MÈRE

J'étais là, avec Eurydice.

VINCENT

Ce petit régisseur est décidément impossible! Il
paraît que nous devons attendre plus d'une heure

ici. Nous allons encore jouer sans dîner, c'est couru. C'est agaçant, ma chère, on a beau avoir une patience d'ange, c'est extrêmement agaçant.

EURYDICE

Ce n'est pas la faute du régisseur s'il y a eu une tempête hier soir.

LA MÈRE

Je voudrais bien savoir pourquoi tu prends toujours la défense de ce petit idiot.

VINCENT

Un minus, c'est un minus!... Je ne comprends pas que Dulac garde un incapable pareil à ce poste. Aux dernières nouvelles, il avait égaré la malle où sont tous les postiches. Et on joue les « Burgraves » demain en matinée... Tu vois cela d'ici, sans barbes.

EURYDICE

Mais il la retrouvera, cette malle, elle a dû rester à Montélimar...

VINCENT

Dans ce cas, il la retrouvera peut-être pour demain, mais pour ce soir, pour le « Déshonneur de Geneviève... » bernique! Il prétend que cela n'a pas d'importance parce que c'est une pièce moderne... Moi, en tout état de cause, j'ai prévenu Dulac : je ne joue pas le rôle du docteur sans le bouc.

LE GARÇON, *qui s'approche.*

Qu'est-ce que vous prenez?

VINCENT, *superbe.*

Rien, mon ami. Un verre d'eau.

Le garçon s'est éloigné, vaincu.

Le un et le deux, passe encore, mais tu comprends bien, ma chère amie, qu'avec la meilleure volonté du monde, je ne peux pas jouer la grande scène de reproches du trois sans le bouc. De quoi aurais-je l'air?

Eurydice s'éloigne avec humeur.

LA MÈRE

Où vas-tu, mon petit?

EURYDICE

Je sors un peu, maman.

Elle est sortie brusquement. Vincent l'a regardée sortir, olympien. Quand elle est sortie...

VINCENT

Ma bonne amie, tu sais que je n'ai pas l'habitude de monter sur mes grands chevaux, mais l'attitude de ta fille avec moi est à proprement parler scandaleuse.

LA MÈRE *minaude*
et essaie de lui prendre la main.

Mon gros chat...

VINCENT

Notre situation à tous les deux est peut-être délicate, je le lui accorde — quoique après tout tu sois libre, tu es séparée de son père —, mais, vraiment, on dirait qu'elle prend plaisir à l'envenimer.

LA MÈRE

C'est une petite dinde. Tu sais qu'elle protège ce garçon, comme elle protège, Dieu sait pourquoi, tout ce qui est mal fichu sur cette terre, les vieux

chats, les chiens perdus, les ivrognes. La pensée
que tu pourrais amener Dulac à le renvoyer l'a mise
hors d'elle tout simplement.

VINCENT

On peut être hors de soi, mais il y a la manière.

LA MÈRE

Mais tu sais bien que c'est précisément ce qui lui
manque... Cette enfant a un bon naturel, mais c'est
une petite brute.

Mathias entre brusquement. Il est mal rasé,
sombre, tendu.

Tiens, bonjour, Mathias.

MATHIAS

Où est Eurydice?

LA MÈRE

Elle vient de sortir.

Mathias sort. La mère le regarde s'éloigner.

Pauvre garçon. Il est fou d'elle. Elle était très
gentille avec lui jusqu'à ces derniers temps et puis
je ne sais pas ce qu'elle a depuis deux ou trois jours,
on dirait qu'elle cherche, qu'elle attend quelque
chose... Quoi? Je ne sais pas...

On entend le violon d'Orphée au loin.

LA MÈRE

Qu'est-ce qu'il a, cet idiot, à toujours racler son
violon? Il est agaçant.

VINCENT

Il attend le train.

LA MÈRE

Ce n'est pas une raison. Lui et les mouches... Il fait une chaleur !

> *Le violon s'est rapproché. Ils écoutent. Pendant la scène Eurydice passera au fond comme à sa recherche.*

LA MÈRE, *soudain d'une autre voix.*

Tu te rappelles le Grand Casino d'Ostende...

VINCENT

C'était l'année où on avait lancé le tango mexicain...

LA MÈRE

Que tu étais beau !

VINCENT

Je portais encore les pattes à cette époque...

LA MÈRE

Tu avais une façon de vous prendre... Tu te rappelles le premier jour : « Madame, est-ce que vous voulez bien m'accorder ce tango ? »

VINCENT

« Mais, Monsieur, je ne danse pas le tango mexicain. »

LA MÈRE

« Rien n'est plus simple, Madame, je vous tiens. Il n'y a qu'à se laisser aller. » Comme tu m'as dit cela !... Et puis tu m'as prise et alors tout s'est confondu, la tête du vieil imbécile qui m'entretenait et qui était resté furieux sur sa chaise, la tête du barman qui me faisait la cour — c'était un Corse, il m'avait dit qu'il me tuerait —, les moustaches cirées

des tziganes, les grands iris mauves et les renon-
cules vert pâle qui décoraient les murs... Ah! c'était
délicieux. C'était l'époque de la broderie anglaise...
J'avais une robe toute blanche...

VINCENT

Moi, j'avais un œillet jaune à la boutonnière et
un petit pied de poule vert et marron...

LA MÈRE

Tu m'avais tant serrée en dansant que ma robe
était toute gravée en rouge sur ma peau... Le vieil
idiot s'en est aperçu, il m'a fait une scène, je l'ai
giflé et je me suis retrouvée sans un sou dans la rue.
Mais tu avais loué une voiture à pompons roses et
nous avons suivi le bord de la mer tous les deux
jusqu'au soir...

VINCENT

Ah! l'incertain, le troublant premier jour. On se
cherche, on se sent, on se devine, on ne se connaît
pas encore et on sait pourtant déjà que cela durera
toute la vie...

LA MÈRE, *soudain d'un autre ton.*

Pourquoi s'est-on quittés quinze jours après?

VINCENT

Je ne sais pas. Je ne me rappelle plus.

*Orphée s'est arrêté de jouer. Eurydice est en
face de lui. Ils se regardent.*

EURYDICE

C'était vous aussi qui jouiez tout à l'heure?

ORPHÉE

Oui. C'était moi.

EURYDICE

Comme vous jouez bien!

ORPHÉE

Vous trouvez?

EURYDICE

Cela s'appelle comment, ce que vous jouiez?

ORPHÉE

Je ne sais pas. J'invente...

EURYDICE, *malgré elle.*

C'est dommage...

ORPHÉE *sourit.*

Pourquoi?

EURYDICE

Je ne sais pas. J'aurais voulu que cela ait un nom.

> *Une jeune fille passe sur le quai, voit Eurydice, elle appelle.*

LA JEUNE FILLE

Eurydice! Tu es là?...

EURYDICE, *sans cesser de regarder Orphée.*

Oui.

LA JEUNE FILLE

Je viens de rencontrer Mathias. Il te cherche, ma petite...

> *Elle passe.*

EURYDICE

Oui.

Elle regarde Orphée.

Vos yeux sont bleu clair.

ORPHÉE

Oui. On ne sait pas de quelle couleur sont les vôtres.

EURYDICE

Ils disent que cela dépend de ce que je pense.

ORPHÉE

En ce moment ils sont vert foncé comme l'eau profonde du bord des pierres du quai.

EURYDICE

Ils disent que c'est quand je suis très heureuse.

ORPHÉE

Qui, « ils » ?

EURYDICE

Les autres.

LA JEUNE FILLE *repasse et crie du quai.*

Eurydice !

EURYDICE, *sans se détourner.*

Oui.

LA JEUNE FILLE

N'oublie pas Mathias !

EURYDICE

Oui.

Elle demande soudain.

Vous croyez que vous me rendez très malheureuse ?

ORPHÉE *sourit doucement.*

Je ne crois pas.

EURYDICE

Ce n'est pas que j'aie peur d'être malheureuse comme je le suis en ce moment. Non, cela fait mal mais c'est plutôt bon. Ce qui me fait peur, c'est d'être malheureuse et seule quand vous me quitterez.

ORPHÉE

Je ne vous quitterai jamais.

EURYDICE

Est-ce que vous me le jurez?

ORPHÉE

Oui.

EURYDICE

Sur ma tête?

ORPHÉE *sourit.*

Oui.

Ils se regardent. Elle dit soudain, doucement.

EURYDICE

J'aime bien quand vous souriez.

ORPHÉE

Vous, vous ne souriez pas?

EURYDICE

Jamais quand je suis heureuse.

ORPHÉE

Je croyais que vous étiez malheureuse.

EURYDICE

Vous ne comprenez donc rien? Vous êtes donc un vrai homme? Quelle histoire! Ah! nous voilà dans de beaux draps tous les deux, debout l'un en face de l'autre, avec tout ce qui va nous arriver déjà tout prêt derrière nous...

ORPHÉE

Vous croyez qu'il va nous arriver beaucoup de choses?

EURYDICE, *gravement*.

Mais toutes les choses. Toutes les choses qui arrivent à un homme et une femme sur la terre, une par une...

ORPHÉE

Les amusantes, les douces, les terribles?

EURYDICE, *doucement*.

Les honteuses, les sales aussi... Nous allons être très malheureux.

ORPHÉE *la prend dans ses bras*.

Quel bonheur!...

> *Vincent et la mère, qui rêvaient tête contre tête, commencent doucement.*

VINCENT

Ah! l'amour, l'amour! Tu vois, ma belle amie, sur cette terre où tout nous brise, où tout nous déçoit, où tout nous fait mal, c'est une consolation merveilleuse de penser qu'il nous reste l'amour...

LA MÈRE

Mon gros chat...

VINCENT

... Tous les hommes sont menteurs, inconstants, faux, bavards, hypocrites, orgueilleux ou lâches, Lucienne, méprisables ou sensuels; toutes les femmes sont perfides, artificieuses, vaniteuses, curieuses ou dépravées; le monde n'est qu'un égout sans fond où les phoques les plus informes rampent et se tordent sur des montagnes de fange. Mais il y a au monde une chose sainte et sublime, c'est l'union de ces deux êtres si imparfaits et si affreux!

LA MÈRE

Oui, mon gros chat. C'est de Perdican.

VINCENT *s'arrête, surpris.*

Tu crois? Je l'ai tant joué!

LA MÈRE

T'en souviens-tu? Tu le jouais ce premier soir au Grand Casino d'Ostende. Moi, je jouais la « Vierge folle » au Kursaal, mais je n'étais que du premier acte. Je suis venue t'attendre dans ta loge. Tu es sorti de scène encore tout vibrant des beaux mots d'amour que tu venais de dire et tu m'as aimée là, tout de suite, en Louis XV...

VINCENT

Ah! nos nuits d'amour, Lucienne! L'union des corps et des cœurs. L'instant, l'instant unique où on ne sait plus si c'est la chair ou si c'est l'âme qui palpite...

LA MÈRE

Tu sais que tu as été un amant merveilleux, mon grand chien!

VINCENT

Et toi, la plus adorable de toutes les maîtresses!

LA MÈRE

D'ailleurs, je suis folle, tu n'étais pas un amant.
Tu étais l'amant. L'inconstant et le fidèle, le fort et
le tendre, le fou. Tu étais l'amour. Comme tu m'as
fait souffrir...

VINCENT

Ah! on est souvent trompé en amour, souvent
blessé, souvent malheureux, Lucienne, mais on
aime. Et quand on est sur le bord de sa tombe, on
se retourne pour regarder en arrière et on se dit :
« J'ai souffert souvent, je me suis trompé quelquefois, mais j'ai aimé. C'est moi qui ai vécu et non
pas un être factice créé par mon orgueil et mon
ennui ! »

LA MÈRE *applaudit.*

Bravo, mon gros chat, bravo!

VINCENT

C'était encore de Musset?

LA MÈRE

Oui, mon chat.

*Orphée et Eurydice les ont écoutés, serrés l'un
contre l'autre comme épouvantés.*

EURYDICE *murmure.*

Faites-les taire, je vous en supplie, faites-les
taire.

*Orphée s'avance vers le couple tandis qu'Eu-
rydice se cache.*

ORPHÉE

Monsieur, Madame, vous n'allez certainement
pas pouvoir comprendre mon attitude. Elle va vous
paraître étrange. Très étrange, même. Voilà, il faut
que vous sortiez.

VINCENT

Que nous sortions?

ORPHÉE

Oui, Monsieur.

VINCENT

On ferme?

ORPHÉE

Oui, Monsieur. On ferme pour vous.

VINCENT *se lève.*

Mais enfin, Monsieur...

LA MÈRE *s'est levée aussi.*

Mais il n'est pas de l'établissement. Je le reconnais, c'est celui qui jouait du violon...

ORPHÉE

Il faut que vous disparaissiez tout de suite. Je vous assure que si je pouvais vous expliquer, je vous expliquerais, mais je ne peux pas vous expliquer. Vous ne comprendriez pas. Il se passe, en ce moment, ici, quelque chose de grave.

LA MÈRE

Mais il est fou, ce garçon!...

VINCENT

Mais, enfin, sacrebleu, Monsieur, c'est insensé! Ce café est à tout le monde.

ORPHÉE

Plus maintenant.

LA MÈRE

Ah! c'est trop fort, par exemple!

Elle appelle.

Madame, s'il vous plaît! garçon!

ORPHÉE *les pousse vers la porte.*

Non, n'appelez pas, je vous assure. Sortez. Je
réglerai moi-même vos consommations.

LA MÈRE

Mais nous n'allons pas nous laisser faire!

ORPHÉE

Je suis un garçon très pacifique, très gentil, très
timide même. Je vous assure que je suis timide,
Madame, qu'avant je n'aurais jamais osé faire ce
que je fais en ce moment...

LA MÈRE

Mais on n'a jamais vu cela!

ORPHÉE

Non, Madame, on n'a jamais vu cela. Moi, en
tout cas, je n'avais jamais vu cela.

LA MÈRE, *à Vincent.*

Et tu ne dis rien, toi?

VINCENT

Viens donc, tu vois bien qu'il n'est pas dans son
état normal.

LA MÈRE *disparaît en criant.*

Je vais me plaindre au chef de gare!

EURYDICE *sort de sa cachette.*

Ah! qu'ils étaient laids, n'est-ce pas? qu'ils
étaient laids, qu'ils étaient bêtes!

ORPHÉE *se retourne vers elle, souriant.*

Chut! Ne parlons plus d'eux. Comme tout prend sa place maintenant que nous sommes seuls, comme tout est lumineux et simple! Il me semble que c'est la première fois que je vois des lustres, des plantes vertes, des boules de métal, des chaises... C'est charmant une chaise. On dirait un insecte qui guette le bruit de nos pas et qui va s'enfuir d'un bond sur ses quatre pattes maigres. Attention! n'avançons pas, ou alors avançons très vite...

Il bondit, entraînant Eurydice.

Nous la tenons! et comme c'est commode une chaise. On peut s'asseoir...

Il la fait asseoir avec un geste cérémonieuse-ment comique, puis la regarde tout triste.

Ce que je ne comprends pas, c'est qu'on ait inventé la seconde.

EURYDICE *l'attire
et lui cède une petite place sur sa chaise.*

C'était pour des gens qui ne se connaissaient pas...

ORPHÉE *la prend dans ses bras en criant.*

Moi je vous connais! Tout à l'heure je jouais du violon et vous passiez sur ce quai de gare et je ne vous connaissais pas... Maintenant tout est changé, je vous connais! C'est extraordinaire. Tout est devenu extraordinaire tout d'un coup autour de nous. Regardez... Comme la caissière est belle avec ses deux gros seins posés délicatement sur le marbre du comptoir. Et le garçon! Regardez le garçon. Ces longs pieds plats dans ces bottines à boutons, cette calvitie distinguée et cet air noble, si noble... C'était vraiment un soir extraordinaire, ce soir; nous devions nous rencontrer et rencontrer aussi le garçon le plus noble de France. Un garçon qui aurait pu être préfet, colonel, sociétaire de la Comédie-Française. Dites-moi, garçon...

LE GARÇON *s'est approché.*

Monsieur.

ORPHÉE

Vous êtes charmant.

LE GARÇON

Mais, Monsieur...

ORPHÉE

Si, si. Ne protestez pas. Vous savez, je suis sincère et je n'ai pas l'habitude de faire des compliments. Vous êtes charmant. Et nous nous souviendrons éternellement de vous et de la caissière, Mademoiselle et moi. Vous le lui direz, n'est-ce pas?

LE GARÇON

Oui, Monsieur.

ORPHÉE

Ah! comme c'est amusant de vivre! Je ne savais pas que c'était passionnant de respirer, d'avoir du sang qui passe dans ses veines, des muscles qui bougent...

EURYDICE

Je suis lourde?

ORPHÉE

Oh non! vous avez tout juste le poids qu'il fallait, tout à l'heure j'étais trop léger, je flottais, je me cognais aux meubles, aux gens. Mes bras se détendaient trop loin, mes doigts lâchaient les choses... Comme c'est drôle et comme les calculs de la pesanteur ont été faits à la légère par les savants ! Je suis en train de m'apercevoir qu'il me manquait exactement l'appoint de votre poids pour faire partie de cette atmosphère...

 EURYDICE

Oh ! mon chéri, vous me faites peur ! Vous en faites bien partie au moins maintenant ? Vous ne vous envolerez plus jamais ?

ORPHÉE

Plus jamais.

EURYDICE

Qu'est-ce que je ferais, moi, toute seule sur la terre, comme une idiote, si vous me laissiez ? Jurez-moi que vous ne me quitterez pas.

ORPHÉE

Je vous le jure.

EURYDICE

Oui, mais cela, c'est un serment facile ! Je l'espère bien que vous n'avez pas l'intention de me quitter ! Si vous voulez que je sois vraiment heureuse, jurez-moi que vous n'aurez jamais envie de me quitter, même plus tard, même une minute, même si la plus jolie fille du monde vous regarde.

ORPHÉE

Je le jure aussi.

EURYDICE *s'est levée soudain.*

Vous voyez comme vous êtes faux ! vous jurez que même si la plus jolie fille du monde vous regarde vous n'aurez pas envie de me quitter. Mais pour savoir qu'elle vous regarde, il aura fallu que vous la regardiez, vous aussi. Oh! mon Dieu, que je suis malheureuse! Vous venez à peine de commencer à m'aimer et vous pensez déjà aux autres femmes. Jurez-moi que vous ne la verrez même pas, mon chéri, cette idiote...

ORPHÉE

Je serai aveugle.

EURYDICE

Et puis même si vous ne la voyez pas, les gens sont si méchants qu'ils se dépêcheront de vous le dire, pour que j'aie mal. Jurez-moi que vous ne les entendrez pas!

ORPHÉE

Je serai sourd.

EURYDICE

Ou plutôt, non, il y a quelque chose de beaucoup plus simple, jurez-moi tout de suite, sincèrement, de vous-même, et pas pour me faire plaisir, que vous ne trouverez plus jamais aucune femme jolie... Même celles qui ont le genre « belle »... cela ne veut rien dire, vous savez.

ORPHÉE

Je vous le jure.

EURYDICE, *méfiante.*

Même une qui me ressemblerait?

ORPHÉE

Même celle-là. Je me méfierai du coup.

EURYDICE

Et c'est de vous-même que vous jurez?

ORPHÉE

C'est de moi-même.

EURYDICE

Bon. Et, bien entendu, c'est sur ma tête?

ORPHÉE

Sur votre tête.

EURYDICE

Vous n'ignorez pas que, lorsqu'on jure sur la tête, cela veut dire que l'autre meurt si on ne tient pas son serment.

ORPHÉE

Je ne l'ignore pas.

EURYDICE *réfléchit un peu.*

Bon. Mais ce n'est pas tout de même — car je vous crois capable de tout avec votre air d'ange —, ce n'est pas que vous pensez intérieurement : « Je peux bien jurer sur sa tête. Qu'est-ce que je risque? Si elle meurt à ce moment-là, quand je voudrai la quitter, au fond, cela sera bien plus commode. Une morte, cela se quitte facilement, sans scènes, sans larmes... » Oh! je vous connais!

ORPHÉE *sourit.*

C'est ingénieux, mais je n'y avais pas pensé.

EURYDICE

Vraiment? Vous savez, il vaudrait mieux me le dire tout de suite.

ORPHÉE

Vraiment.

EURYDICE

Jurez-le-moi.

ORPHÉE *lève la main.*

Voilà.

EURYDICE *se rapproche.*

Bon. Alors, je vais vous dire. Je voulais seulement vous éprouver. Nous n'avons pas fait de vrais serments. Pour faire un vrai serment, il ne suffit pas de faire un tout petit geste de la main, un petit geste équivoque, qu'on peut interpréter comme on veut. Il faut étendre le bras comme cela, cracher par terre... Ne riez pas, vous savez que c'est très sérieux comme nous allons le faire maintenant. Certains disent que non seulement la personne meurt subitement si on manque à sa parole, mais encore qu'elle souffre beaucoup en mourant.

ORPHÉE, *gravement.*

J'en prends note.

EURYDICE

Bon. Alors, maintenant que vous savez vraiment à quoi vous m'exposez en mentant, même un tout petit peu, vous allez me jurer, s'il vous plaît, mon chéri, en étendant la main et en crachant par terre, que tout ce que vous m'avez juré était vrai.

ORPHÉE

Je crache, j'étends la main, je jure.

EURYDICE *a un immense soupir.*

Bon. Je vous crois. D'ailleurs, je suis si facile à tromper, si peu méfiante. Vous souriez, vous vous moquez de moi?

ORPHÉE

Je vous regarde. Je m'aperçois que je n'avais pas encore eu le temps de vous regarder.

EURYDICE

Je suis laide? Quelquefois, quand j'ai pleuré ou trop ri, il me vient une petite tache rouge au coin du nez. J'aime mieux vous le dire tout de suite, pour que vous n'ayez pas une mauvaise surprise après.

ORPHÉE

Je me ferai une raison.

EURYDICE

Et puis, je suis maigre. Je ne suis pas si maigre que j'en ai l'air, non; moi, je me trouve même assez bien faite quand je me lave; mais enfin, je ne suis pas une de ces femmes sur lesquelles on s'appuie confortablement.

ORPHÉE

Je ne tenais pas à être très confortable.

EURYDICE

Je ne peux vous donner que ce que j'ai, n'est-ce pas? Alors, il ne faut pas vous figurer des choses... Je suis sotte aussi, je ne sais rien dire et il ne faut pas trop compter sur moi pour la conversation.

ORPHÉE *sourit*.

Vous parlez tout le temps...

EURYDICE

Je parle tout le temps, mais je ne sais pas répondre. C'est d'ailleurs pour cela que je parle tout le temps, pour empêcher qu'on me questionne.

C'est ma façon d'être muette. On fait comme on peut. Naturellement, vous détestez cela. C'est bien ma chance! Vous allez voir que rien ne va vous plaire en moi.

ORPHÉE

Vous vous trompez. J'aime bien quand vous parlez trop. Cela fait un petit bruit qui me repose.

EURYDICE

Pensez-vous! Je suis sûre que vous aimez les femmes mystérieuses. Les genres Greta Garbo. Celles qui ont deux mètres, des grands yeux, des grandes bouches, des grandes mains et qui se perdent toute la journée dans les bois en fumant. Je ne suis pas du tout comme cela. Il faut en faire votre deuil tout de suite.

ORPHÉE

Il est fait.

EURYDICE

Oui, vous dites cela, mais je vois bien vos yeux...

Elle se jette dans ses bras.

Oh! mon chéri, mon chéri, c'est trop triste de n'être pas celle que vous aimez! Mais que voulez-vous que je fasse? Que je grandisse? J'essaierai. Je ferai de la gymnastique. Que j'aie l'air hagard?... J'écarquillerai les yeux, je me farderai davantage. J'essaierai d'être sombre, de fumer...

ORPHÉE

Mais non!

EURYDICE

Si, si, j'essaierai d'être mystérieuse. Oh! il ne faut pas croire que c'est très compliqué d'être mystérieuse. Il suffit de ne penser à rien, c'est à la portée de toutes les femmes.

ORPHÉE

Quelle folle !

EURYDICE

Je le serai, comptez-y ! Et sage aussi, et dépensière et économe, selon — et docile comme une petite odalisque qu'on retourne dans le lit, ou terriblement injuste les jours où vous aurez envie d'être un peu malheureux à cause de moi. Oh ! ces jours-là seulement, soyez tranquille... Et puis cela sera compensé par les jours où je serai maternelle — si maternelle que j'en serai un peu agaçante —, les jours de furoncle ou de mal de dents. Enfin, il me restera les bourgeoises, les mal élevées, les prudes, les ambitieuses, les excitées, les molles, pour les jours creux.

ORPHÉE

Et vous croyez que vous pourrez tout jouer ?

EURYDICE

Il faudra bien, mon chéri, pour vous garder, puisque vous aurez envie de toutes les femmes...

ORPHÉE

Mais quand serez-vous vous ? Vous m'inquiétez.

EURYDICE

Entre-temps. Quand j'aurai cinq minutes, je me débrouillerai.

ORPHÉE

Cela va être une vie de chien !

EURYDICE

C'est cela, l'amour !... Et encore les chiennes ont

la partie facile. Avec les chiens il suffit de se laisser
flairer un petit peu et puis de trottiner rêveusement
quelques mètres, en ayant l'air de ne s'être aperçue
de rien. Les hommes sont tellement plus compli-
qués !

ORPHÉE *l'attire à lui en riant.*

Je vais vous rendre très malheureuse !

EURYDICE, *blottie contre lui.*

Oh, oui ! Moi, je serai toute petite, pas exigeante
du tout. Il faudra seulement la nuit me laisser
dormir sur votre épaule, me tenir la main tout le
jour...

ORPHÉE

J'aimais dormir sur le dos, en travers du lit.
J'aimais les longues promenades solitaires...

EURYDICE

Nous pourrons essayer de nous mettre en travers
côte à côte et dans les promenades je marcherai un
peu derrière vous, si vous voulez. Pas trop. Presque
à côté de vous tout de même ! Mais je vous aimerai
si fort aussi ! et je vous serai toujours si fidèle, si
fidèle... Il faudra seulement me parler toujours
pour que je n'aie pas le temps de penser de
bêtises...

ORPHÉE *rêve un instant en silence*
avec elle dans ses bras. Il murmure.

Qui êtes-vous ? Il me semble que je vous connais
depuis longtemps.

EURYDICE

Oh ! pourquoi demander qui on est ? Cela veut
dire si peu de chose, qui on est...

ORPHÉE

Qui êtes-vous? Il est trop tard, je le sais bien, et
je ne peux pas vous quitter maintenant... Vous avez
surgi tout d'un coup dans cette gare. Je me suis
arrêté de jouer du violon et maintenant je vous ai là
dans mes bras. Qui êtes-vous?

EURYDICE

Moi non plus, je ne sais pas qui vous êtes. Et
pourtant je n'ai pas envie de vous le demander. Je
suis bien. C'est assez.

ORPHÉE

Je ne sais pas pourquoi j'ai peur d'avoir mal tout
d'un coup.

LA JEUNE FILLE *passe sur le quai.*

Comment! tu es encore là? Mathias t'attend dans
la salle d'attente des troisièmes. Si tu ne veux pas
qu'il y ait encore des histoires, ma petite, tu ferais
tout de même mieux d'y aller...

Elle est passée.

ORPHÉE *a lâché Eurydice.*

Qui est ce Mathias?

EURYDICE, *vite.*

Personne, mon chéri.

ORPHÉE

Voilà trois fois qu'on vient vous dire qu'il vous
cherche.

EURYDICE

C'est un garçon de la troupe. C'est personne. Il
me cherche. Hé bien, oui, il me cherche. Il a
peut-être quelque chose à me dire.

ORPHÉE

Qui est ce Mathias?

EURYDICE *crie.*

Je ne l'aime pas, mon chéri, je ne l'ai jamais
aimé!

ORPHÉE

C'est votre amant?

EURYDICE

Oh! vous savez, on a vite fait de dire les choses,
de mettre tout sous le même mot. Mais j'aime
mieux vous dire la vérité tout de suite et de
moi-même. Il faut que tout soit limpide entre nous.
Oui, c'est mon amant.

> *Orphée recule un peu.*

Oh! ne reculez pas. J'aurais tant voulu vous
dire : je suis une petite fille, je vous ai attendu.
C'est votre main qui va pour la première fois me
toucher. J'aurais tant voulu vous le dire que, c'est
bête, il me semble que cela est.

ORPHÉE

C'est votre amant depuis longtemps?

EURYDICE

Je ne sais plus. Six mois peut-être. Je ne l'ai
jamais aimé.

ORPHÉE

Pourquoi alors?

EURYDICE

Pourquoi? Oh! ne posez pas de questions. Quand
on ne se connaît pas encore très bien, quand on ne
sait pas tout l'un de l'autre, en plus des mots, les
questions sont des armes terribles...

ORPHÉE

Pourquoi? Je veux savoir.

EURYDICE

Pourquoi? Hé bien, il était malheureux, j'étais lasse. J'étais seule. Lui m'aimait.

ORPHÉE

Et avant?

EURYDICE

Avant, mon chéri?

ORPHÉE

Avant lui.

EURYDICE

Avant lui?

ORPHÉE

Vous n'avez pas eu d'autre amant?

EURYDICE *a une hésitation imperceptible.*

Non. Jamais.

ORPHÉE

Alors, c'est lui qui vous a appris l'amour? Répondez. Pourquoi restez-vous sans rien dire? Vous m'avez dit que vous vouliez qu'il n'y ait que la vérité entre nous.

EURYDICE *crie désespérément.*

Oui, mais mon chéri, je cherche ce qui vous fera le moins de mal!... que ce soit lui, que vous verrez peut-être, ou bien un autre, il y a longtemps, que vous n'aurez jamais connu...

ORPHÉE

Mais il ne s'agit pas de savoir ce qui me fera le moins de mal! Il s'agit de savoir ce qui est vrai!

EURYDICE

Hé bien, quand j'étais encore très petite, un homme, un étranger, m'a prise, presque de force... Cela a duré quelques semaines et puis il est reparti.

ORPHÉE

Vous l'aimiez, celui-là?

EURYDICE

J'avais mal, j'avais peur, j'avais honte.

ORPHÉE, *après un silence*.

Et c'est tout?

EURYDICE

Oui, mon chéri. Vous voyez, c'était bien bête, bien lamentable, mais tout simple.

ORPHÉE *dit sourdement*.

Je vais tâcher de ne jamais penser à eux.

EURYDICE

Oui, mon chéri.

ORPHÉE

Je vais tâcher de ne jamais imaginer leur visage près du vôtre, leurs yeux sur vous, leurs mains sur vous.

EURYDICE

Oui, mon chéri.

ORPHÉE

Je vais tâcher de ne pas penser qu'ils vous ont déjà tenue.

> *Il l'a reprise dans ses bras.*

Là, maintenant tout recommence. C'est moi qui
vous tiens.

EURYDICE *dit tout doucement.*

On est bien dans vos bras. Comme dans une
petite maison bien fermée au milieu du monde ; une
petite maison où personne ne peut plus jamais
entrer.

> *Il se penche sur elle.*

Dans ce café ?

ORPHÉE

Dans ce café. Moi qui ai honte tout le temps,
quand les gens me regardent, je voudrais qu'il soit
plein de monde... Ce sera tout de même une belle
noce ! Nous aurons eu pour témoins la caissière, le
garçon le plus noble de France et un petit monsieur
modeste en imperméable, qui fait semblant de ne
pas nous voir, mais je suis sûr qu'il nous voit...

> *Il l'embrasse. Le jeune homme en imperméable
> qui était resté muet au fond depuis le début de
> l'acte les regarde, se lève doucement et vient
> s'appuyer à une colonne plus près d'eux. Ils ne
> l'ont pas vu. Eurydice se dégage soudain.*

EURYDICE

Maintenant, il faut que vous me laissiez. Il me
reste quelque chose à faire. Non, ne me demandez
rien. Sortez une minute, je vous rappelle.

> *Elle accompagne Orphée au fond puis va
> rapidement vers la porte qui est grande ouverte
> sur le quai. Elle s'arrête et reste un instant
> immobile sur le seuil. On sent qu'elle regarde
> quelqu'un d'invisible qui la regarde aussi en
> silence. Soudain, elle dit, dure.*

Entre.

> *Mathias entre lentement sans cesser de la regarder. Il s'arrête sur le seuil.*

EURYDICE

Tu m'as vue? Je l'ai embrassé. Je l'aime. Que veux-tu?

MATHIAS

Qui est-ce?

EURYDICE

Je ne sais pas.

MATHIAS

Tu es folle.

EURYDICE

Oui, je suis folle.

MATHIAS

Depuis huit jours, tu me fuis.

EURYDICE

Depuis huit jours je te fuis, oui; mais ce n'est pas à cause de lui, je le connais depuis une heure.

> #### MATHIAS *regarde Eurydice*
> *et son regard l'épouvante; il recule.*

Qu'est-ce que tu vas me dire?

EURYDICE

Tu le sais, Mathias.

MATHIAS

Eurydice, tu sais que je ne peux pas vivre sans toi.

EURYDICE

Oui, Mathias. Je l'aime.

MATHIAS

Tu sais que je préfère crever tout de suite que de continuer cette vie tout seul, maintenant que je t'ai eue près de moi. Je ne te demande rien, Eurydice, rien que de ne pas être tout seul...

EURYDICE

Je l'aime, Mathias.

MATHIAS

Mais tu ne sais déjà donc plus dire autre chose?

EURYDICE, *doucement, impitoyablement.*

Je l'aime.

MATHIAS *sort soudain.*

C'est bon, tu l'auras voulu.

EURYDICE *court après lui.*

Ecoute, Mathias, essaie de comprendre : je t'aime bien, seulement je l'aime...

> *Ils sont sortis. Le jeune homme en imperméable les a regardés s'éloigner. Il sort lentement derrière eux. La scène reste vide un instant. On entend grelotter une sonnerie, puis le sifflement d'un train dans le lointain. Orphée est entré lentement, regardant partir Mathias et Eurydice. Derrière lui le père fait irruption avec sa harpe, tandis que le train siffle et que la sonnerie s'affirme.*

LE PÈRE

Le train est annoncé, fiston! Voie deux... Tu viens?

Il fait un pas, prend soudain l'air rêveur.

Heu, tu as réglé? Je crois bien que c'est toi qui m'avais invité.

ORPHÉE, *doucement, sans le regarder en face.*

Je ne pars pas, papa.

LE PÈRE

Pourquoi toujours attendre le dernier moment? Le train va être là dans deux minutes et il faut prendre le passage souterrain. Avec la harpe, nous n'avons que le temps.

ORPHÉE

Je ne prends pas ce train.

LE PÈRE

Comment, tu ne prends pas ce train? Et pourquoi ne prends-tu pas ce train, s'il te plaît? Si nous voulons être ce soir à Palavas, c'est le seul possible.

ORPHÉE

Alors, prends-le. Moi, je ne pars pas.

LE PÈRE

Voilà du nouveau, par exemple! qu'est-ce qui te prend?

ORPHÉE

Voilà, papa. Je t'aime bien. Je sais que tu as besoin de moi, que cela va être terrible, mais il fallait bien que cela arrive un jour. Je vais te quitter...

LE PÈRE *joue un homme qui tombe des nues.*

Qu'est-ce que tu dis?

ORPHÉE *crie soudain.*

Tu m'as très bien compris! Ne te le fais pas
répéter pour amorcer une scène de faux pathétique!
Ne t'arrête pas de respirer pour pâlir; ne commence pas à faire semblant de trembler et de
t'arracher les cheveux! Je connais tous tes trucs un
par un. C'était bon quand j'étais petit. Ils ne
prennent plus.

Il redit tout bas.

Je vais te quitter, papa.

LE PÈRE *change de tactique et se drape
soudain dans une dignité exagérée.*

Je refuse de t'écouter, mon petit. Tu n'as pas ton
bon sens. Viens.

ORPHÉE

La dignité aussi sera inutile. Je te répète que je
connais tous tes trucs.

LE PÈRE, *ulcéré.*

Oublie mes cheveux blancs, oublie mes cheveux
blancs! j'ai l'habitude... Mais je te répète que je
refuse de t'écouter. C'est net, il me semble?

ORPHÉE

Il faudra pourtant m'écouter parce que tu n'as
que deux minutes pour comprendre, ton train
siffle.

LE PÈRE *ricane noblement.*

Ah! ah!

ORPHÉE

Ne ricane pas noblement, je t'en supplie!
Ecoute-moi. Ce train, il va falloir que tu le prennes
tout seul. C'est ta seule chance d'arriver à temps

pour avoir la place de harpiste qu'on t'a proposée à
Palavas-les-Flots.

LE PÈRE *glapit.*

Mais je l'ai refusée, cette place! Je l'ai refusée à
cause de toi!

ORPHÉE

Tu diras que tu as réfléchi, que tu m'aban-
donnes, que tu acceptes. Tortoni n'a peut-être pas
trouvé un autre harpiste. C'est ton ami. Il te
donnera la préférence.

LE PÈRE, *amer.*

Ah! tu sais, les amis, les enfants, tout ce qu'on
croit sacré! Cela vous claque dans les mains un
beau jour. Je suis payé pour le savoir. L'amitié de
Tortoni! ah! ah!

Il ricane noblement.

ORPHÉE

Tu crois qu'il ne te donnera pas la place?

LE PÈRE

Je suis certain qu'il me la refusera!

ORPHÉE

Pourtant, il te l'a proposée...

LE PÈRE

Il me l'a proposée mais j'ai décliné l'offre. Il a bu
la honte jusqu'à la lie. Et tu ne dois pas oublier que
c'est un Italien. Ces gens-là ne pardonnent jamais.

ORPHÉE

Prends tout de même le train, papa. Dès que tu
seras parti, je vais téléphoner au casino de Palavas,
je te jure que je le convaincrai d'oublier ton refus.

*Le père hurle avec une voix qu'on ne soupçon-
nait pas dans ce corps débile.*

LE PÈRE

Jamais!

ORPHÉE

Ne hurle pas! Ce n'est pas un mauvais bougre. Je
suis sûr qu'il m'écoutera.

LE PÈRE

Jamais, tu entends! jamais ton père ne s'abais-
sera!

ORPHÉE

Mais c'est moi qui m'abaisserai! je dirai que c'est
ma faute.

LE PÈRE

Non, non.

*Un sifflement beaucoup plus proche. Le père
saute nerveusement sur ses paquets.*

Le train, le train, fiston! Orphée, ne poursuis pas
cette scène pénible à laquelle je ne comprends rien.
Viens avec moi, tu m'expliqueras en route.

ORPHÉE

Je ne peux pas partir, papa. Je te rejoindrai peut-
être plus tard.

LE PÈRE

Mais pourquoi me rejoindre, sacrebleu? Nous
avons nos deux billets?

Le train siffle.

ORPHÉE

Je vais téléphoner tout de suite.

Il va à la caisse.

LE PÈRE *le rattrape.*

Ecoute, fiston, ne téléphone pas à cet individu. J'aime mieux te dire tout de suite, la place de harpiste...

ORPHÉE

Oui.

LE PÈRE

Eh bien, il ne me l'a jamais proposée.

ORPHÉE

Comment?

LE PÈRE

Je disais cela pour me faire valoir à tes yeux. C'est moi qui avais eu vent de l'affaire, je l'avais supplié de me prendre. Il a refusé.

ORPHÉE, *après un petit temps.*

Ah! bon...

Il dit doucement.

Je croyais que tu pouvais avoir cette place. C'est dommage. Cela arrangerait bien des choses.

Un silence.

LE PÈRE, *doucement.*

Je suis vieux, Orphée...

Le train siffle encore.

ORPHÉE, *soudain, dans une sorte de fièvre.*

Prends tout de même ce train, je t'en supplie, papa; pars tout de même pour Palavas-les-Flots; il y a des cafés là-bas, c'est la saison, je t'assure que tu gagneras ta vie.

LE PÈRE

Rien qu'avec la harpe... tu plaisantes !

ORPHÉE

Mais ce qui frappait les gens, c'était surtout la harpe. On en voit si peu. Le violon, tous les mendiants en jouent aux terrasses. La harpe, tu le disais toi-même souvent, c'est ce qui nous donnait l'air d'être des artistes.

LE PÈRE

Oui, mais tu jouais bien du violon et puis les femmes te trouvaient jeune, gentil, alors elles poussaient le coude des hommes pour qu'ils mettent vingt sous dans l'assiette. Pour moi tout seul, elles ne le pousseront pas.

ORPHÉE *essaie de rire.*

Mais si, papa, les femmes plus mûres ! tu sais bien que tu es un vieux Don Juan.

LE PÈRE *a un regard à la caissière
qui l'a humilié tout à l'heure,
une caresse à sa calvitie.*

Oh ! entre nous, un vieux Don Juan pour bonnes de gargotes et encore... pour bonnes laides.

ORPHÉE

Tu exagères, papa, tu as encore beaucoup de succès !

LE PÈRE

Je te les raconte, mais cela ne se passe pas toujours exactement comme je le dis... Et puis, je ne te l'avais jamais dit, fiston, c'est moi qui t'ai formé, j'avais ma fierté de père, mais je ne sais si tu t'en es déjà aperçu, je... je joue très mal de la harpe.

*Il y a un silence terrible, Orphée baisse la
tête. Il ne peut pas s'empêcher de sourire un peu.*

ORPHÉE

On ne peut pas ne pas s'en apercevoir, papa.

LE PÈRE

Tu vois, tu le dis toi-même...

Un silence encore, le train siffle très près.

ORPHÉE *le secoue soudain.*

Papa, je ne peux plus rien pour toi. Si j'étais
riche, je te donnerais de l'argent, je n'en ai pas. Va
prendre ce train, garde tout ce qu'on avait et bonne
chance. Je ne peux pas te dire autre chose.

LE PÈRE

Tout à l'heure encore tu disais que tu ne pouvais
pas me quitter!

ORPHÉE

Tout à l'heure, oui. Maintenant, je peux.

On entend le train qui entre en gare.

Voilà ton train. Dépêche-toi, prends la harpe.

LE PÈRE, *qui résiste encore.*

Tu as rencontré quelqu'un, n'est-ce pas?

ORPHÉE

Oui, papa.

LE PÈRE

La petite qui est venue me demander qui jouait
du violon tout à l'heure, n'est-ce pas?

ORPHÉE, *à genoux, devant les valises.*

Oui, papa.

*Il enlève certaines choses d'une valise et les
met dans l'autre.*

LE PÈRE

J'ai bavardé avec ces gens-là. Tu sais que c'est
une comédienne, une troupe de rien du tout qui
joue dans des bataclans. C'est une fille qui te
grugera.

ORPHÉE

Oui, papa! fais vite...

LE PÈRE, *à genoux lui aussi
et fouillant dans les valises.*

Dire que je t'avais trouvé une fille admirable,
sculpturale, premier prix du Conservatoire de
Marseille, le profil grec. Une pianiste! Nous
aurions fait des trios. Je me serais mis au violon-
celle... Je n'aurais jamais cru cela de toi, Orphée!

ORPHÉE

Moi non plus, papa, fais vite.

LE PÈRE

Je te maudis! cela te coûtera cher!

ORPHÉE

Oui, papa.

LE PÈRE *se lève.*

Rigole, rigole! j'ai un billet, je peux gagner d'un
jour à l'autre, tu n'auras rien!

ORPHÉE *rit malgré lui, le prend par les épaules.*

Mon papa, mon vieux papa, mon terrible papa.
Je t'aime bien, tu sais, quand même, mais je ne
peux plus rien pour toi.

LE HAUT-PARLEUR, *dehors*.

Les voyageurs pour Béziers, Montpellier, Sète, Palavas-les-Flots, en voiture.

ORPHÉE

Vite, tu vas le rater. Tu as la harpe, la grosse valise ? J'ai deux cents francs sur moi, garde tout le reste.

LE PÈRE

Oh ! ne fais pas le généreux. Il n'y a pas lourd.

LE HAUT-PARLEUR

Les voyageurs pour Béziers, Montpellier, Sète, Palavas-les-Flots, en voiture.

LE PÈRE, *soudain*.

Tu crois qu'ils me rembourseront ton billet ?

ORPHÉE, *qui l'embrasse*.

Je ne sais pas. Je suis heureux, tu sais, papa. Je l'aime. Je t'écrirai. Tu devrais être un peu content que je sois heureux, j'ai tant envie de vivre !

LE PÈRE, *qui se charge*.

Je ne pourrai jamais tout porter tout seul.

ORPHÉE

Je vais t'aider, tu prendras un porteur.

LE PÈRE *crie du seuil comme une malédiction ridicule pour laquelle il lâche une partie de ses paquets.*

Tu laisses ton père pour une fille ! pour une fille qui ne t'aime peut-être même pas !

ORPHÉE *crie aussi, en le suivant.*

Je suis heureux, papa !

DES VOIX, *dehors.*

En voiture! en voiture! en voiture!

LE PÈRE, *avant de sortir.*

Moi, je vais crever!

ORPHÉE *le pousse.*

Vite, vite, papa!

> *Les sifflets, les bruits de portières, la vapeur.*
> *On entend tout de suite le train qui s'ébranle.*
> *Eurydice entre, avec une petite valise, et va*
> *s'asseoir dans un coin, toute menue.*
>
> *Orphée est revenu. Il va jusqu'à elle. Elle le*
> *regarde.*

ORPHÉE

Voilà. C'est fait.

EURYDICE, *drôlement.*

Moi aussi, c'est fait.

ORPHÉE *baisse la tête.*

Je vous demande pardon. Il est un peu ridicule.
C'était mon père.

EURYDICE

Il ne faut pas me demander pardon. La dame qui
parlait d'amour tout à l'heure avec des glouglous,
c'était ma mère. Je n'avais pas osé vous le dire.

> *Ils sont en face l'un de l'autre, ils se sourient*
> *doucement.*

ORPHÉE

Je suis content que vous ayez eu honte, vous
aussi. C'est un peu comme si nous étions des petits
frères.

EURYDICE *sourit.*

Je vous vois traînant, tout petit, avec votre violon, derrière lui...

ORPHÉE

Il avait une place dans un orchestre, mais il me faisait déjà jouer aux terrasses, entre les services. Un jour, un agent nous a emmenés. Il lui racontait que cela tournerait mal pour lui, qu'il était cousin du ministre. L'agent rigolait. Moi, j'avais dix ans, je pleurais. J'avais honte. Je croyais que je finirais au bagne...

EURYDICE *crie, les larmes aux yeux.*

Oh! mon chéri, et je n'étais pas là. Je vous aurais pris par la main, je serais venue avec vous pendant qu'on vous emmenait. Je vous aurais expliqué que ce n'était pas si grave. A dix ans, moi je savais déjà tout.

ORPHÉE

Il jouait du trombone dans ce temps-là. Il a essayé de jouer de tout, le pauvre, sans succès. Je disais : « Je suis le fils du trombone », à la porte, et j'entrais dans son cinéma... C'était beau *Les Mystères de New York!*...

EURYDICE

Et *Le Masque aux dents blanches!* quand on n'en pouvait déjà plus d'angoisse au quatrième épisode... Oh! j'aurais voulu être près de vous sur les petits fauteuils raides... J'aurais voulu manger des mandarines avec vous, à l'entracte, vous demander si le cousin de Pearl White était vraiment un traître et ce que pouvait bien penser le Chinois... Oh! j'aurais voulu être petite avec vous! comme c'est dommage...

ORPHÉE

Et c'est passé maintenant. On n'y peut plus rien. Les mandarines sont épluchées, les cinémas repeints à neuf et l'héroïne doit être une vieille dame.

EURYDICE, *doucement.*

Ce n'est pas juste...

Une sonnerie, un sifflet de train qui s'approche.

LE HAUT-PARLEUR

Les voyageurs pour Toulouse, Béziers, Carcassonne, voie 7. Le train entre en gare.

UN AUTRE HAUT-PARLEUR, *plus loin, répète.*

Les voyageurs pour Toulouse, Béziers, Carcassonne, voie 7. Le train entre en gare.

Par la porte grande ouverte sur le quai, les comédiens de la troupe passent avec des valises.

LA PREMIÈRE FILLE

Vite, ma petite. Nous allons encore voyager debout. Mais, naturellement, les vedettes montent en seconde. Qui leur paie leur supplément, dis, qui leur paie leur supplément?

LA SECONDE *continue son histoire.*

Alors, tu sais ce qu'elle m'a dit? Elle m'a dit : ça m'est égal. J'ai ma position à défendre...

Elles sont passées. Passent la mère et Vincent, surchargés de cartons à chapeaux, de mallettes.

LA MÈRE

Vincent, mon chat, la grosse valise et le carton vert?

VINCENT

Je les tiens. Avance !

LA MÈRE

Méfie-toi, la courroie ne tient pas. Cela me rappelle un jour à Buenos Aires. Le carton à chapeaux de Sarah qui s'ouvre en pleine gare. Il y avait des plumes d'autruche jusque sur les rails...

Ils sont passés. Il passe encore un gros homme soufflant qui crie derrière lui.

DULAC

Vite, bon Dieu, vite ! Et vérifie le chargement au fourgon, bougre d'âne ! Monte en queue. Nous sommes tous en tête !

EURYDICE, *doucement.*

Tous les personnages de ma vie qui passent...

Courant et ne pouvant courir, comique, lamentable, le petit régisseur passe enfin, trimbalant trop de valises, trop de paquets qui tombent. Tout ça dans des cris lointains, des sifflements plus rapprochés du train.

EURYDICE *dit doucement à Orphée.*

Fermez la porte.

Orphée va fermer la porte, le silence soudain les enveloppe.

Voilà. Nous sommes seuls au monde maintenant.

LE HAUT-PARLEUR, *plus loin.*

Les voyageurs pour Toulouse, Béziers, Carcassonne, voie 7. Le train entre en gare.

Orphée est revenu doucement vers elle. Fracas du train qui entre en gare et un cri, un cri qui se transforme en clameur qui se gonfle et fait

*brusquement place à un terrible silence. La
caissière s'est dressée et essaie de voir. Le garçon
traverse la scène en courant, il leur jette en
passant.*

LE GARÇON

Quelqu'un s'est jeté sous l'express, un jeune
homme !

*Des gens passent en courant sur le quai.
Orphée et Eurydice sont l'un en face de l'autre
sans oser se regarder ; ils ne disent rien. Le jeune
homme en imperméable paraît sur le quai ; il
entre, puis referme la porte, les regarde.*

EURYDICE *dit doucement.*

Je n'y pouvais rien, je t'aimais et je ne l'aimais
pas.

*Il y a un silence, ils regardent droit devant
eux. Le jeune homme en imperméable s'est
approché d'eux.*

LE JEUNE HOMME, *d'une voix neutre,*
sans cesser de les regarder.

Il s'est jeté sous la locomotive. Le choc même a
dû le tuer.

EURYDICE

Quelle horreur !

LE JEUNE HOMME

Non. Il a choisi un assez bon moyen. Le poison
est une chose lente qui fait beaucoup souffrir. Et
puis on vomit, on se tord, c'est sale. C'est comme
avec les barbituriques, il y a des gens qui pensent
qu'ils vont dormir. Quelle plaisanterie ! c'est une
mort dans les hoquets et les mauvaises odeurs.

Il s'est approché, tranquille, souriant.

Croyez-moi... le plus facile quand on est bien fatigué, quand on a longtemps marché avec la même idée fixe, c'est de se laisser glisser dans l'eau comme dans un lit... On étouffe une seconde, avec d'ailleurs un grand luxe d'images... Et puis on s'endort. Enfin!

EURYDICE

Vous croyez qu'il n'a pas eu mal pour mourir?

LE JEUNE HOMME, *doucement.*

On n'a jamais mal pour mourir, mademoiselle. La mort ne fait jamais mal. La mort est douce... Ce qui fait souffrir avec certains poisons, certaines blessures maladroites, c'est la vie. C'est le reste de vie. Il faut se confier franchement à la mort comme à une amie. Une amie à la main délicate et forte.

Orphée et Eurydice se sont serrés l'un contre l'autre. Eurydice dit doucement comme une explication :

EURYDICE

Nous n'avons pas pu faire autrement. Nous nous aimons.

LE JEUNE HOMME

Oui, je sais. Je vous écoute depuis tout à l'heure. Un beau jeune homme et une belle jeune fille! et prêts à jouer le jeu sans tricher, jusqu'au bout. Sans ces petites concessions au confort ou à la facilité qui font les amants vieillissants et prospères. Deux petites bêtes courageuses, aux membres souples, aux dents longues, prêtes à se battre jusqu'au matin, comme il se doit, et à tomber, blessées ensemble.

EURYDICE *murmure.*

Mais, Monsieur, nous ne vous connaissons pas...

LE JEUNE HOMME

Moi, je vous connais. Je suis très heureux de cette rencontre. Vous allez partir ensemble? Il n'y a plus qu'un train ce soir. Le train de Marseille. Vous allez le prendre peut-être?

ORPHÉE

Sans doute, oui.

LE JEUNE HOMME

Je vais moi-même là-bas. J'aurai peut-être le plaisir de vous rencontrer.

Il salue et sort.
Orphée et Eurydice se retournent l'un vers l'autre. Ils sont debout, tout petits, au milieu de la grande salle déserte.

ORPHÉE, *doucement.*

Mon amour.

EURYDICE

Mon cher amour.

ORPHÉE

Voilà l'histoire qui commence...

EURYDICE

J'ai un peu peur... Es-tu bon? Es-tu méchant? Comment t'appelles-tu?

ORPHÉE

Orphée. Et toi?

EURYDICE

Eurydice.

LE RIDEAU TOMBE

DEUXIÈME ACTE

Une chambre dans un hôtel de province, grande, sombre et sale. Des plafonds trop hauts, perdus dans l'ombre, des doubles rideaux poussiéreux, un grand lit de fer, un paravent, une lumière avare. Orphée et Eurydice sont couchés tout habillés sur le lit.

ORPHÉE

Dire que tout aurait pu rater... Il suffisait que tu passes à droite, moi à gauche. Même pas, il suffisait du vol d'un oiseau, du cri d'un enfant pour que tu détournes la tête une seconde. Je serais en train de racler du violon aux terrasses de Perpignan avec papa.

EURYDICE

Moi, je jouerais ce soir « les Deux Orphelines » au théâtre municipal d'Avignon. C'est maman et moi les deux orphelines.

ORPHÉE

Cette nuit je pensais à toutes les chances qu'il nous avait fallu. Je pensais à ce petit garçon et à cette petite fille inconnus qui s'étaient mis en marche un beau jour, des années à l'avance, vers cette gare de province... Dire qu'on aurait pu ne pas se reconnaître, se tromper de jour ou de gare.

EURYDICE

Ou bien se rencontrer trop petits avec des parents qui nous auraient pris par la main et entraînés de force.

ORPHÉE

Mais heureusement nous ne nous sommes pas trompés d'un jour, d'une minute. Nous ne nous sommes pas mis en retard une seule fois pendant tout ce long chemin. Oh! nous sommes très forts!

EURYDICE

Oui, mon chéri.

ORPHÉE, *puissant et débonnaire.*

Nous sommes terriblement plus forts que tout au monde, tous les deux!

EURYDICE *le regarde avec un petit sourire.*

Mon Turc! Tu avais pourtant bien peur hier en entrant dans cette chambre.

ORPHÉE

Hier, nous n'étions pas encore plus forts que tout. Je ne voulais pas que notre amour soit à la merci de cette dernière petite chance.

EURYDICE, *doucement.*

Il y en a des choses qu'on ne veut pas comme cela dans le monde et qui sont là bien tranquilles, bien énormes, comme la mer.

ORPHÉE

Dire que nous aurions pu ne plus être rien, hier, en sortant de cette chambre; même pas un frère et une sœur comme en ce moment; rien que deux ennemis, souriants, distants et polis, et parlant d'autre chose. Oh! je déteste l'amour...

EURYDICE

Chut! il ne faut pas le dire...

ORPHÉE

Maintenant, au moins, nous nous connaissons. Nous savons le poids de notre tête endormie, le bruit de notre rire. Maintenant nous avons des souvenirs pour nous défendre.

EURYDICE

Tout un soir, toute une nuit, tout un jour, comme nous sommes riches!

ORPHÉE

Hier, nous n'avions rien; nous ne savions rien et nous sommes entrés au hasard dans cette chambre, sous l'œil de ce terrible garçon à moustaches qui se doutait que nous allions faire l'amour. Et nous nous sommes mis à nous déshabiller, vite, debout, l'un en face de l'autre...

EURYDICE

Tu jetais comme un fou furieux tes vêtements aux quatre coins de la pièce...

ORPHÉE

Tu tremblais. Tu ne pouvais pas défaire les petits boutons de ta robe et je te regardais les arracher sans faire un geste. Et puis, quand tu as été nue, tu as eu honte soudain.

EURYDICE *baisse la tête.*

J'ai pensé que, moi, j'avais à être belle par-dessus le marché et je n'étais plus sûre...

ORPHÉE

Nous sommes restés un long moment debout l'un en face de l'autre sans oser rien dire, sans oser bouger... Oh! nous étions trop pauvres, trop nus et c'était trop injuste d'être obligé de tout risquer ainsi à la fois, jusqu'à cette brusque tendresse pour toi qui s'était mise à me serrer la gorge parce que tu avais un petit bouton rouge sur l'épaule.

EURYDICE

Et puis après, tout est devenu si facile...

ORPHÉE

Tu as posé ta tête contre moi et tu t'es endormie. Et, moi, je me suis senti devenir fort tout à coup, fort de tout le poids de ta tête. Il me semblait que nous étions couchés nus sur une grève et que ma tendresse était une mer montante qui recouvrait peu à peu nos deux corps étendus... Comme s'il avait fallu notre lutte et notre nudité sur ce lit en désordre pour que nous devenions vraiment deux petits frères.

EURYDICE

Oh! mon chéri, tu pensais tout cela et tu me laissais dormir.

ORPHÉE

Tu me disais bien d'autres choses dans ton rêve auxquelles je ne pouvais pas répondre.

EURYDICE

J'ai parlé? Je parle toujours en dormant. Tu n'as pas écouté, j'espère?

ORPHÉE *sourit.*

Si.

EURYDICE

Tu vois comme tu es traître! au lieu de dormir honnêtement comme moi, tu m'épies. Comment veux-tu que je sache ce que je dis quand je dors?

ORPHÉE

Je n'ai compris que trois mots. Tu as poussé un terrible soupir. Ta bouche s'est un peu tirée et tu as dit : c'est difficile.

EURYDICE *répète.*

C'est difficile...

ORPHÉE

Qu'est-ce qui était donc si difficile?

EURYDICE *reste un moment sans répondre,*
puis secoue la tête et dit vite avec sa petite voix.

Je ne sais pas, mon chéri. Je rêvais.

On frappe, c'est le garçon qui entre aussitôt.
Il a de grosses moustaches grises, l'air bizarre.

LE GARÇON

Monsieur a sonné?

ORPHÉE

Non.

LE GARÇON

Ah! Je croyais que Monsieur avait sonné.

Il hésite une seconde, puis sort en disant :
Pardon, Monsieur.

EURYDICE, *dès qu'il est sorti.*

Tu crois qu'elles sont vraies?

ORPHÉE

Quoi?

EURYDICE

Ses moustaches.

ORPHÉE

Sûrement. Elles ont l'air d'être fausses. Il n'y a que les fausses barbes qui ont l'air vrai, c'est connu

EURYDICE

Il n'a pas l'air si noble que notre garçon du buffet de la gare, hier soir.

ORPHÉE

Celui qui était de la Comédie-Française? Il était noble mais conventionnel. Et, au fond, sous ses airs imposants, c'était un mou. Je t'assure que celui-là a plus de mystère.

EURYDICE

Oui. Trop. Je n'aime pas les gens qui ont trop de mystère. Il me fait un peu peur. Pas toi?

ORPHÉE

Un peu, je n'osais pas te le dire.

EURYDICE, *se serrant contre lui*.

Oh! mon chéri, serrons-nous fort! Heureusement que nous sommes deux.

ORPHÉE

Nous en avons déjà des personnages dans notre histoire... Deux garçons de café, un noble mou, un moustachu bizarre, la belle caissière et ses énormes seins...

EURYDICE

Quel dommage qu'elle ne nous ait rien dit, la belle caissière!

ORPHÉE

Dans toutes les histoires, il y a comme cela des personnages muets. Elle ne nous a rien dit, mais elle nous regardait tout le temps et si elle n'était pas muette pour l'éternité maintenant, tu verrais tout ce qu'elle nous raconterait sur nous...

EURYDICE

Et l'employé de gare?

ORPHÉE

Le bègue?

EURYDICE

Oui, le charmant petit bègue. Qu'il était petit et gentil! On aurait voulu le prendre par la main et l'emmener avec sa grosse chaîne de montre et sa belle casquette manger des gâteaux chez le pâtissier.

ORPHÉE

Tu te souviens comme il nous a récité toutes les stations où nous ne devions pas changer pour nous faire comprendre, sans erreur possible, celle à laquelle il fallait vraiment qu'on change!

EURYDICE

Oh! le cher petit bègue! Il nous a sûrement porté bonheur. Mais l'autre, l'affreux, la brute, le contrôleur...

ORPHÉE

Ah! l'idiot. Celui qui ne voulait pas comprendre qu'avec un billet de troisième classe pour Perpignan et un autre billet de troisième classe pour Avignon nous voulions deux suppléments de deuxième classe pour Marseille?

EURYDICE

Oui, celui-là. Qu'il était laid, celui-là, qu'il était
bête avec sa crasse, sa suffisance et ses deux sales
grosses joues pleines de je ne sais quoi, bien rasées,
bien rouges, sur son col de celluloïd.

ORPHÉE

C'est notre premier personnage ignoble. Notre
premier traître. Il y en aura d'autres, tu verras...
C'est plein de traîtres, une histoire heureuse.

EURYDICE

Oh! mais celui-là, je le refuse! Je le renvoie. Tu
lui diras que je le renvoie! Je ne veux pas d'un
imbécile pareil dans mes souvenirs d'avec toi.

ORPHÉE

C'est trop tard, ma chérie, nous n'avons plus le
droit de renvoyer personne.

EURYDICE

Alors, toute notre vie, ce gros homme sale et
content de lui fera partie de notre premier jour?

ORPHÉE

Toute notre vie.

EURYDICE

Et l'affreuse vieille dame en noir à qui j'ai tiré la
langue, celle qui se fâchait contre sa petite bonne
maigre. Elle sera toujours là aussi?

ORPHÉE

Toujours à côté de la petite fille qui ne te quittait
pas des yeux dans le train, du gros chien qui voulait
absolument te suivre, de tous nos personnages
charmants.

EURYDICE

Tu crois qu'on ne pourrait pas se rappeler un premier jour avec seulement le gros chien, la petite fille, les gitanes qui dansaient le soir sur la place avec des échasses — et le bon petit bègue, par exemple?... Tu es sûr qu'on ne peut pas trier les mauvais personnages et garder seulement les bons?

ORPHÉE

Ce serait trop beau.

EURYDICE

On ne peut même pas essayer, tu crois, de les imaginer un peu moins laids rien que pour cette première journée... Faire le contrôleur un peu moins content de lui, la sale dame bourgeoise un peu moins acide, un peu moins hypocrite... ou alors sa petite bonne un peu plus grasse, que les sacs à provisions lui soient moins lourds?

ORPHÉE

Impossible. Ils sont passés maintenant, les bons comme les mauvais. Ils ont fait leur petite pirouette, dit leurs trois mots dans ta vie... Ils sont comme cela dans toi, pour toujours.

Il y a un silence.

EURYDICE *demande soudain.*

Alors, une supposition, si on a vu beaucoup de choses laides dans sa vie, elles restent toutes dans vous?

ORPHÉE

Oui.

EURYDICE

Bien rangées les unes à côté des autres, toutes les images sales, tous les gens, même ceux qu'on a haïs,

même ceux qu'on a fuis? Tous les tristes mots
entendus, tu crois qu'on les garde au fond de soi?
Et tous les gestes qu'on a faits, la main se les
rappelle encore, tu crois?

ORPHÉE

Oui.

EURYDICE

Tu es sûr que même les mots qu'on a dits sans le
vouloir et qu'on n'a jamais pu rattraper, ils sont
encore sur notre bouche quand on parle?

ORPHÉE *veut l'embrasser.*

Mais oui, ma folle...

EURYDICE *se dégage.*

Attends, ne m'embrasse pas. Explique-moi
plutôt. C'est sûr ce que tu viens de me dire, ou si
c'est seulement toi qui le penses? Il y en a d'autres
que toi qui l'ont dit?

ORPHÉE

Bien sûr.

EURYDICE

Des savants? enfin, de ceux qui doivent savoir les
choses, de ceux qu'on peut croire?

ORPHÉE

Oui.

EURYDICE

Mais on n'est jamais seule alors, avec tout cela
autour de soi. On n'est jamais sincère même quand
on le veut de toutes ses forces... Si tous les mots
sont là, tous les sales éclats de rire, si toutes les

mains qui vous ont touchée sont encore collées à votre peau, alors on ne peut jamais devenir une autre?

ORPHÉE

Qu'est-ce que tu racontes?

EURYDICE, *après un temps.*

Tu crois qu'on serait la même, toi, si on savait toute petite qu'un jour on aura absolument besoin d'être toute propre, toute nette? Et quand on dit les choses? Quand on dit j'ai fait ce geste, j'ai prononcé, j'ai écouté ce mot, j'ai laissé quelqu'un...

Elle s'arrête.

... Quand on les dit à un autre, ces choses, à celui qu'on aime par exemple... ils pensent que cela les tue autour de vous, tes savants?

ORPHÉE

Oui. On appelle cela se confesser. Après il paraît qu'on est tout lavé, tout luisant...

EURYDICE

Ah! et ils en sont bien sûrs?

ORPHÉE

Ils le disent.

EURYDICE, *après avoir réfléchi un petit moment.*

Oui, oui, mais si jamais ils se trompent ou s'ils ont dit cela pour savoir les choses; si jamais elles continuaient à vivre deux fois plus fortes, deux fois plus vivantes, d'avoir été redites; si jamais l'autre se mettait à s'en souvenir toujours... Tu leur diras que je me méfie, à tes savants, que, moi, je crois qu'il vaut mieux ne rien dire...

*Orphée la regarde, elle le voit et elle ajoute
vite, se blottissant contre lui.*

Ou alors, mon chéri, quand c'est tout simple,
comme pour nous hier, tout dire, bien sûr, comme
moi.

Le garçon frappe et entre.

LE GARÇON

Monsieur a sonné?

ORPHÉE

Non.

LE GARÇON

Ah! je vous demande pardon.

Il fait un pas, du seuil il ajoute :

Je vais dire à Monsieur, la sonnette ne fonctionne
pas, si Monsieur voulait sonner, il vaudrait mieux
qu'il appelle.

ORPHÉE

Entendu.

*On croit que le garçon va partir, mais il se
ravise, traverse la chambre, va faire jouer les
doubles rideaux qu'il ferme puis rouvre.*

LE GARÇON

Les doubles rideaux, eux, fonctionnent.

ORPHÉE

Nous voyons cela.

LE GARÇON

J'ai des chambres où c'est le contraire. La
sonnette fonctionne et les doubles rideaux ne
fonctionnent pas.

Il va sortir et dit encore :

Toutefois, si à une tentative de Monsieur tout à l'heure ils ne fonctionnaient pas, Monsieur n'aurait qu'à sonner...

Il s'arrête.

... enfin appeler, parce que, comme je l'ai dit à Monsieur, la sonnette...

Il a un geste et sort.

ORPHÉE

Voilà notre premier personnage étrange. Nous en aurons d'autres. Cela doit, d'ailleurs, être un brave Auvergnat sans malice.

EURYDICE

Oh! non, il me regarde tout le temps. Tu n'as pas remarqué qu'il me regardait tout le temps?

ORPHÉE

Tu rêves.

EURYDICE

Oh! j'aimais mieux l'autre, j'aimais beaucoup mieux l'autre de la Comédie-Française... On sentait que même dans les tragédies il ne serait jamais bien dangereux...

Le garçon frappe et entre encore. On a nettement l'impression qu'il était derrière la porte.

LE GARÇON

Je vous demande pardon. J'avais oublié de dire à Monsieur que Madame le demandait en bas pour compléter sa fiche où quelque chose manque. Madame doit la remettre dès ce soir.

ORPHÉE

Elle veut que je descende tout de suite?

LE GARÇON

Oui, Monsieur, si Monsieur le peut.

ORPHÉE

C'est bien, je vous suis. Habille-toi pendant ce temps-là, nous descendrons dîner.

Le garçon ouvre la porte pour laisser passer Orphée et sort derrière lui. Il rentre presque aussitôt, va vers Eurydice qui s'est dressée.

LE GARÇON, *lui tendant une enveloppe.*

Voilà une lettre pour vous. Je devais vous la remettre à vous seule. Madame n'est pas au bureau. J'ai menti. Il n'y a qu'un étage. Vous avez une demi-minute pour la lire.

Il reste debout devant elle. Eurydice a pris la lettre en tremblant un peu, elle la décachette, la lit, la déchire en petits morceaux sans que rien ait bougé sur son visage, puis elle va les jeter.

Jamais dans la corbeille.

Il va à la corbeille, s'agenouille et commence à ramasser les morceaux de papier qu'il enfouit dans la poche de son tablier.

Il y a longtemps que vous vous connaissez?

EURYDICE

Un jour.

LE GARÇON

D'habitude, c'est encore le bon temps.

EURYDICE, *doucement.*

D'habitude, oui.

LE GARÇON

J'en ai vu passer dans cette chambre, couchés sur ce lit, comme vous tout à l'heure. Et pas rien que

des beaux. Des trop gras, des trop maigres, des
monstres. Tous usant de leur salive à dire « notre
amour ». Quelquefois, quand le soir vient comme
maintenant, il me semble que je les vois, tous
ensemble. Ça grouille. Ah! c'est pas beau l'amour!

EURYDICE, *imperceptiblement.*

Non.

ORPHÉE, *entrant.*

Vous êtes encore là?

LE GARÇON

Non, Monsieur. Je sors.

ORPHÉE

La gérante n'était pas en bas.

LE GARÇON

J'ai dû trop m'attarder en montant prévenir
Monsieur. Elle n'aura pas eu la patience d'attendre.
Cela ne fait rien, Monsieur, ce sera pour ce soir.

Il les regarde encore tous les deux et sort.

ORPHÉE

Qu'est-ce qu'il faisait ici?

EURYDICE

Rien. Il me disait tous les couples qu'il avait vus
défiler dans cette chambre.

ORPHÉE

C'est gai!

EURYDICE

Il dit que quelquefois il lui semble les voir tous
ensemble. Toute la chambre grouille.

ORPHÉE

Et tu as écouté de pareilles sornettes?

EURYDICE

C'est peut-être pas des sornettes. Puisque tu as
dit, toi qui sais tout, que tous les personnages qu'on
avait connus continuaient à vivre dans notre souvenir. Peut-être que la chambre aussi se rappelle...
Tous ceux qui sont passés ici sont autour de nous,
enlacés, des trop gras, des trop maigres, des
monstres.

ORPHÉE

Ma folle!

EURYDICE

Le lit en est plein; c'est laid, les gestes.

ORPHÉE *veut l'entraîner*.

Descendons dîner. La rue est rose des premières
lumières. Nous allons manger dans un petit bistrot
qui sent l'ail. Tu boiras d'ailleurs dans un verre où
mille bouches ont déjà bu et les mille gros derrières
qui ont creusé la banquette de moleskine te feront
une petite place où tu seras tout de même bien.
Allons, viens.

EURYDICE *résiste*.

Tu ris, tu ris toujours toi. Tu es si fort.

ORPHÉE

Depuis hier soir! un Turc!... C'est toi qui l'as
dit.

EURYDICE

Oui, oui, un Turc qui n'entend rien, qui ne sent
rien, qui est bien sûr de lui et va tout droit. Ah!

vous pouvez être légers, vous autres — oui —
maintenant que vous m'avez rendue bien lourde...
Vous dites les choses, vous faites vivre au moment
où on s'y attend le moins tous les sales couples qui
ont fait des gestes entre ces quatre murs, vous nous
poissez de toute une glu de vieux mots et puis vous
n'y pensez plus. Vous descendez dîner en disant : il
fait bon, il y a des lumières, ça sent l'ail.

ORPHÉE

Tu vas le dire, toi aussi, dans une minute. Viens,
quittons cette chambre.

EURYDICE

Pour moi il ne fait plus bon. Ça ne sent plus bon.
Comme cela a été court...

ORPHÉE

Mais, qu'est-ce que tu as ? Tu trembles.

EURYDICE

Oui, je tremble.

ORPHÉE

Tu es toute pâle.

EURYDICE

Oui.

ORPHÉE

Quels yeux as-tu ? Je ne t'ai jamais vu ces yeux-là.

Il veut l'attirer, elle se détourne.

EURYDICE

Ne me regarde pas. Quand tu me regardes, ton
regard me touche. On dirait que tu as posé tes deux
mains sur mes hanches et que tu es entré tout
brûlant dans moi. Ne me regarde pas.

ORPHÉE

Je te regarde depuis hier.

Il l'attire, elle se laisse faire ; elle murmure contre lui, vaincue.

EURYDICE

Tu es fort, tu sais... Tu as l'air d'un petit garçon maigre et tu es plus fort que tout le monde. Quand tu joues sur ton violon comme hier dans cette gare ou bien quand tu parles, je deviens comme un petit serpent... Je n'ai plus qu'à ramper doucement vers toi.

ORPHÉE *l'enveloppe de ses bras, la chauffe.*

Êtes-vous bien, petit serpent ?

EURYDICE

Quelquefois tu te tais et je crois que je suis libre comme avant. Je tire sur mon fil de toutes mes forces pendant une minute. Mais tu recommences à parler, le fil s'enroule sur la bobine et je m'en reviens vers mon piège, trop heureuse...

ORPHÉE

Tu es un petit serpent qui se demande trop de choses. Les petits serpents doivent se chauffer au soleil, boire le lait qu'on leur donne et ronronner, bien tranquilles.

EURYDICE, *doucement.*

Ce sont les petits chats qui ronronnent.

ORPHÉE, *qui lui caresse les cheveux.*

Cela ne fait rien, ronronne, je te tiens.

EURYDICE

Tu es un traître. Tu me grattes doucement la tête, je m'endors contre ton bon soleil.

ORPHÉE

Et puis tu dis « c'est difficile ».

EURYDICE *crie soudain, se détachant.*

Mon chéri!

ORPHÉE

Oui.

EURYDICE

J'ai peur que ce ne soit trop difficile.

ORPHÉE

Mais quoi?

EURYDICE

Le premier jour tout semble si facile. Le premier jour on n'a qu'à inventer. Tu es sûr que nous n'avons pas tout inventé?

ORPHÉE *lui prend la tête.*

Je suis sûr que je t'aime et que tu m'aimes. Sûr comme des pierres, comme des choses de bois et de fer.

EURYDICE

Oui, mais tu m'as peut-être crue une autre. Et puis quand tu vas me voir en face comme je suis...

ORPHÉE

Depuis hier je te regarde en face. Je t'écoute parler en dormant.

EURYDICE

Oui, mais je ne t'ai pas dit grand-chose. Et si ce soir je me rendors et je dis tout?

ORPHÉE

Tout! quoi tout?

ORPHÉE

EURYDICE

Les vieux mots collés, les vieilles histoires. Ou si quelqu'un, un des personnages, venait te dire...

ORPHÉE

Qu'est-ce que tu veux qu'on vienne me dire sur toi? Je te connais mieux qu'eux, maintenant.

EURYDICE

Tu crois?

> *Eurydice lève la tête et regarde Orphée qui continue avec une force joyeuse.*

ORPHÉE

Mon petit soldat! tout un jour que je t'ai sous mes ordres, je te connais bien. Car j'ai été un peu odieux, n'est-ce pas, depuis hier à toujours jouer le capitaine? « Vite, voilà le train. Monte au dernier wagon. Garde les places, je vais chercher le marchand d'oreillers. Réveille-toi, c'est Marseille. On descend. Du courage, l'hôtel est un peu loin de la gare, mais nous n'avons pas d'argent pour un taxi... » Et le petit soldat ahuri, les yeux encore tout plissés de sommeil, empoigne ses valises avec un bon sourire. Et une deux, une deux, suit bravement son capitaine dans la nuit... Dire que j'aurais pu emmener avec moi une dame avec des chapeaux à plumes et des grands talons claquetants! Je serais mort de peur en demandant la chambre. Et dans le wagon sous le regard de tous ces hommes qui faisaient semblant de dormir pour te déshabiller bien à l'aise... Qui sait? Elle aurait peut-être souri, tiré sa jupe avec un petit geste, laissé tomber sa tête de côté, tout de même contente de tout ce compartiment qui la désire en faisant semblant de dormir... Oh! je serais mort de honte... Mais mon silencieux petit frère à côté de moi est devenu de bois tout de suite. Les jambes escamotées, la jupe mystérieusement longue, les mains enfouies, toute raide. Une petite momie sans regard que les faux dormeurs déçus se mirent à oublier, ronflant l'un après l'autre... Je ne t'ai pas dit merci.

EURYDICE, *doucement, la tête baissée.*

Il ne faut pas.

ORPHÉE

Je ne t'ai pas dit merci non plus pour ton courage...

EURYDICE *balbutie.*

Mon courage?

ORPHÉE

Pour les jours, qui ne vont pas tarder, où tu laisseras passer l'heure du dîner, en fumant, avec moi, la dernière cigarette, une bouffée chacun. Pour les robes que tu feras semblant de ne pas voir dans les vitrines; pour les commerçants ricaneurs, les patrons d'hôtel hostiles, les concierges... Je ne t'ai pas dit merci pour les lits faits, les chambres balayées, les vaisselles, les mains rougies et le gant qui se troue, et l'odeur de la cuisine dans les cheveux. Tout ce que tu m'as donné en acceptant de me suivre.

Eurydice a la tête baissée; il la regarde en silence.

Je ne croyais pas que c'était possible de rencontrer un jour le camarade qui vous accompagne, dur et vif, porte son sac et n'aime pas non plus faire de sourires. Le petit copain muet qu'on met à toutes les sauces et qui, le soir, est belle et chaude contre vous. Pour vous seul une femme, plus secrète, plus tendre que celles que les hommes sont obligés de traîner tout le jour derrière eux, parées d'étoffe. Ma farouche, ma sauvage, ma petite étrangère... Je me suis réveillé cette nuit pour me demander si je n'étais pas un homme aussi lourd que les autres, avec de l'orgueil bête et de grosses mains, et si je te méritais bien.

Eurydice a levé la tête et le regarde fixement dans l'ombre qui est venue.

EURYDICE, *tout doucement.*

Tu penses vraiment tout cela de moi?

ORPHÉE

Oui, mon amour.

EURYDICE *pense encore un petit peu et dit.*

C'est vrai. C'est une bien charmante Eurydice.

ORPHÉE

C'est toi.

EURYDICE

Oui. Et tu as raison, c'est bien une femme pour toi.

Un petit temps, elle dit doucement avec une drôle de petite voix, lui caressant les cheveux :

Mademoiselle Eurydice, ta femme...

ORPHÉE *s'est dressé, fort, joyeux.*

Je vous salue! Maintenant, consentez-vous enfin à venir dîner? Le charmeur de serpents ne peut plus souffler dans sa flûte. Il crève de faim.

EURYDICE, *d'une autre voix.*

Allume la lumière maintenant.

ORPHÉE

Voilà enfin un mot sensé! Pleins feux partout.
Flots de clarté. Sortie des fantômes.

> *Orphée va tourner le commutateur. Une*
> *lumière crue inonde et enlaidit la chambre;*
> *Eurydice s'est levée.*

EURYDICE

Mon chéri, je ne voudrais pas aller dans un
restaurant, voir des gens. Si tu veux, je vais
descendre, j'achèterai des choses et nous les mange-
rons ici.

ORPHÉE

Dans la chambre où tout grouille?

EURYDICE

Oui, maintenant cela ne fait plus rien...

ORPHÉE *bouge.*

Cela va être très amusant. Je vais descendre avec
toi.

EURYDICE, *vite.*

Non, laisse-moi descendre seule.

> *Il s'arrête.*

Cela me ferait plaisir de te faire ton marché, une
fois, comme une personne comme il faut.

ORPHÉE

Alors, achète beaucoup de choses.

EURYDICE

Oui.

ORPHÉE

Il faut faire un repas de fête.

EURYDICE

Oui, mon chéri.

ORPHÉE

Exactement comme si nous avions de l'argent.
C'est un miracle que ne comprendront jamais les
gens riches... Achète un ananas, un vrai, un ananas
du Bon Dieu, pas un triste ananas américain en
boîte. Nous n'avons pas de couteau. Nous n'arrive-
rons pas à le manger. Mais il est juste aussi que
l'ananas se défende.

EURYDICE *a un petit rire*
avec les yeux pleins de larmes.

Oui, mon chéri.

ORPHÉE

Achète aussi des fleurs pour dîner, beaucoup de
fleurs...

EURYDICE *balbutie avec son pauvre petit sourire.*

Ça ne se mange pas.

ORPHÉE

C'est vrai. Nous les mettrons sur la table.

> *Il regarde autour de lui.*

Nous n'avons pas de table. Achète tout de même
beaucoup de fleurs. Et puis achète des fruits, des
pêches, de grosses pêches de vigne, des abricots,
des reines-claudes. Un peu de pain pour montrer le
côté sérieux de notre caractère et une bouteille de
vin blanc qu'on boira dans le verre à dents.
Dépêche-toi, je meurs de faim !

> *Eurydice va prendre son petit chapeau et le
> met devant la glace.*

Tu mets ton chapeau ?

 EURYDICE.

Oui.

> *Elle se retourne soudain et dit d'une étrange voix rauque :*

Adieu, mon chéri.

ORPHÉE *lui crie en riant :*

Tu dis adieu, comme à Marseille?

EURYDICE, *du seuil.*

Oui.

> *Elle le regarde encore une seconde, souriante et pitoyable, et sort brusquement. Orphée reste un instant immobile, souriant à Eurydice sortie. Soudain son sourire s'efface, ses traits se tirent, une angoisse vague le prend, il court à la porte en appelant.*

ORPHÉE

Eurydice!

> *Il a ouvert la porte et recule, stupéfait. Le jeune homme qui les a abordés dans la gare est sur le seuil, souriant.*

LE JEUNE HOMME

Elle vient de descendre.

> *Orphée a reculé, surpris, hésitant à le reconnaître.*

Vous ne me remettez pas? Nous avons fait connaissance hier dans ce buffet de gare au moment de cet accident... Vous savez, le jeune homme qui s'est jeté sous le train. Je me suis permis d'entrer vous dire bonjour. Vous m'aviez été si sympathiques. Nous sommes voisins. J'ai la chambre onze.

> *Il fait un pas dans la chambre, il tend un paquet de cigarettes.*

Fumez-vous ?

> *Orphée prend machinalement une cigarette.*

Moi, je ne fume pas.

> *Il sort une boîte d'allumettes et allume la cigarette d'Orphée.*

Du feu ?

ORPHÉE

Merci.

> *Il referme la porte et demande machinalement :*

A qui ai-je l'honneur ?...

LE JEUNE HOMME

Des connaissances de voyage, c'est un charme d'ignorer au juste qui on est. Mon nom ne vous dirait rien. Appelez-moi Monsieur Henri.

> *Il est tout à fait entré dans la chambre. Il regarde Orphée souriant ! Orphée le regarde aussi comme fasciné.*

M. HENRI

Une belle ville, Marseille. Ce grouillement humain, cette canaillerie, cette crasse. On ne se tue pas autant qu'on le dit dans les ruelles du vieux port, mais c'est tout de même une belle ville. Vous comptez y rester longtemps ?

ORPHÉE

Je ne sais pas.

M. HENRI

Je vous ai adressé un peu librement la parole hier. Mais vous étiez si touchants tous les deux, serrés l'un contre l'autre au milieu de cette grande salle déserte... Un beau décor, n'est-ce pas ? Rouge

et sombre, avec cette nuit tombante et ces bruits de
gare au fond...

Il le regarde longuement, sourit.

Le petit Orphée et Mademoiselle Eurydice... Ce
n'est pas tous les jours qu'on a pareille aubaine...
J'aurais pu ne pas vous parler... Habituellement je
ne parle à personne. A quoi bon? Vous, je ne sais
pourquoi je n'ai pas résisté au désir de mieux vous
connaître. Vous êtes musicien?

ORPHÉE

Oui.

M. HENRI

J'aime la musique. J'aime tout ce qui est doux,
heureux. En vérité, j'aime le bonheur. Mais parlons
de vous. Cela n'est pas intéressant de parler de moi.
Et d'abord buvez quelque chose. Cela facilite
tellement la conversation.

*Il se lève et sonne. Il regarde Orphée en
souriant pendant la courte attente.*

J'ai beaucoup de plaisir à bavarder un moment
avec vous.

Le garçon est entré.

Que buvez-vous? Un alcool? du cognac?

ORPHÉE

Si vous voulez.

M. HENRI

Un cognac, s'il vous plaît.

LE GARÇON

Un seul verre?

M. HENRI

Oui.

A Orphée.

Excusez-moi, je ne bois pas.

> *Le garçon est sorti ; il regarde encore Orphée,*
> *souriant.*

Je me réjouis beaucoup de cette rencontre.

ORPHÉE *a un geste gêné.*

Je vous remercie.

M. HENRI

Vous devez vous demander pourquoi je m'inté-
resse tellement à vous.

Orphée a un geste.

J'étais dans le fond de la salle hier lorsqu'elle est
venue à vous, comme appelée par votre musique.
Ces courts instants où l'on surprend le destin en
train de poser ses pions sont bien troublants,
n'est-ce pas ?

Le garçon est entré.

Ah! voilà votre cognac!

LE GARÇON

Voilà, Monsieur, un cognac.

ORPHÉE

Merci.

Le garçon sort.

M. HENRI, *qui l'a regardé sortir.*

Avez-vous remarqué avec quelle lenteur insolite
ce garçon vient de quitter la pièce?

ORPHÉE

Non.

M. HENRI *va écouter à la porte.*

Il s'est certainement remis à son poste derrière la porte.

Il revient vers Orphée.

Je suis sûr qu'il est déjà entré plusieurs fois dans votre chambre sous des prétextes ; je suis sûr qu'il a déjà essayé de vous parler ?

ORPHÉE

Il a essayé, oui.

M. HENRI

Vous voyez que je ne suis pas le seul à m'intéresser à vous aujourd'hui... Je parie que les commerçants, les employés de gare, les petites filles dans la rue vous sourient aussi depuis hier d'une façon insolite...

ORPHÉE

On est toujours gentil avec les amoureux.

M. HENRI

Ce n'est pas seulement de la gentillesse. Vous ne trouvez pas qu'ils vous regardent un peu trop fixement ?

ORPHÉE

Non ? Pourquoi ?

M. HENRI *sourit.*

Pour rien.

Il rêve un instant, puis lui prend soudain le bras.

Mon cher, il y a deux races d'êtres. Une race nombreuse, féconde, heureuse, une grosse pâte à pétrir, qui mange son saucisson, fait ses enfants, pousse ses outils, compte ses sous, bon an mal an, malgré les épidémies et les guerres, jusqu'à la limite d'âge ; des gens pour vivre, des gens pour tous les jours, des gens qu'on n'imagine pas morts. Et puis il y a les autres, les nobles, les héros. Ceux qu'on imagine très bien étendus, pâles, un trou rouge dans la tête, une minute triomphants avec une garde d'honneur ou entre deux gendarmes selon : le gratin. Cela ne vous a jamais tenté ?

ORPHÉE

Jamais, et ce soir moins que jamais.

M. HENRI *va à lui, lui met la main sur l'épaule,*
le regarde et presque tendrement.

C'est dommage. Il ne faut pas croire exagérément au bonheur. Surtout quand on est de la bonne race. On ne se ménage que des déceptions.

Le garçon frappe et entre.

LE GARÇON

Monsieur, il y a là une jeune fille qui demande Mademoiselle Eurydice. Je lui ai dit qu'elle était sortie, mais elle n'a pas l'air de me croire. Elle insiste pour vous voir, vous. Je lui dis de monter ?

LA JEUNE FILLE, *entrant et écartant le garçon.*

Je suis déjà montée. Où est Eurydice ?

ORPHÉE

Elle est sortie, Mademoiselle. Qui êtes-vous ?

LA JEUNE FILLE

Une de ses amies de la troupe. Il faut que je lui parle tout de suite.

ORPHÉE

Je vous dis qu'elle est sortie. Et puis, je crois qu'elle n'a rien à vous dire.

LA JEUNE FILLE

Vous vous trompez, elle a beaucoup de choses à me dire au contraire. Il y a combien de temps qu'elle est sortie? Est-ce qu'elle a pris sa valise en sortant?

ORPHÉE

Sa valise? Pourquoi voulez-vous qu'elle ait pris sa valise? Elle est descendue acheter notre dîner.

LA JEUNE FILLE

Elle est peut-être descendue acheter votre dîner, mais elle avait de bonnes raisons pour emporter tout de même sa valise parce qu'elle devait nous rejoindre à la gare pour prendre avec nous le train de huit heures douze.

ORPHÉE *crie.*

Rejoindre qui?

LE GARÇON, *qui a tiré sa grosse montre de cuivre.*

Il est huit heures dix minutes quarante secondes.

LA JEUNE FILLE, *comme pour elle.*

Elle doit être déjà sur le quai avec lui. Merci.
    Elle fait volte-face. Orphée la rattrape devant la porte.

ORPHÉE

Sur le quai avec qui?

LA JEUNE FILLE

Lâchez-moi. Vous me faites mal. Je vais rater mon train!

LE GARÇON, *qui consulte toujours sa montre.*

Il est onze juste.

DULAC *paraît sur le seuil et dit au garçon.*

Il est treize. Vous retardez. Le train est parti.

A Orphée.

Lâchez cette petite; moi, je peux vous répondre. Sur le quai avec moi.

ORPHÉE *recule.*

Qui êtes-vous?

DULAC

Alfredo Dulac. L'impresario d'Eurydice. Où est-elle?

ORPHÉE

Que lui voulez-vous?

DULAC *s'avance tranquillement dans la pièce, mâchant son vieux cigare.*

Et vous?

ORPHÉE

Eurydice est ma maîtresse.

DULAC

Depuis quand?

ORPHÉE

Depuis hier.

DULAC

Figurez-vous qu'elle est aussi la mienne. Depuis un an.

ORPHÉE

Vous mentez!

DULAC *sourit.*

Parce qu'elle a oublié de vous le dire?

ORPHÉE

Eurydice m'a tout dit avant de me suivre. Elle était la maîtresse depuis trois mois du garçon qui s'est jeté hier sous le train.

DULAC

Croyez-vous qu'il faut être bête! c'est un gaillard qui me jouait les brutes. Tout le monde en avait peur dans la troupe. La petite lui dit qu'elle le quitte, il se flanque sous l'omnibus de Perpignan. Ce que je ne comprends pas d'ailleurs, c'est qu'elle l'ait prévenu, lui. Elle a filé sans un cri, comme une oiselle...

ORPHÉE

Il était probablement le seul à qui elle avait à rendre des comptes.

DULAC

Non. Il y avait moi. D'abord comme impresario. Voilà deux soirs que je la remplace au pied levé, ce n'est jamais drôle. Ensuite parce qu'avant-hier, ne vous déplaise, c'est avec moi qu'elle a passé la nuit.

ORPHÉE *le regarde.*

On ne sait pas ce que vous êtes le plus : odieux ou ridicule...

DULAC *s'avance encore un peu.*

C'est vrai?

ORPHÉE

Je crois bien d'ailleurs que, malgré vos airs, vous êtes surtout ridicule.

DULAC

Parce que la petite était dans ce lit hier soir au lieu d'être dans le mien? Vous êtes un enfant, mon vieux. Une fille comme Eurydice, il faut lui passer ses petits caprices. Elle a aussi été à l'imbécile qui s'est tué hier. Vous, au moins, je comprends. Vous avez de jolis yeux, vous êtes jeune...

ORPHÉE *crie.*

J'aime Eurydice et elle m'aime!

DULAC

Elle vous l'a dit?

ORPHÉE

Oui.

DULAC *va s'asseoir tranquillement
dans le fauteuil.*

C'est une fille extraordinaire. Heureusement que je la connais.

ORPHÉE

Et si je la connaissais mieux que vous?

DULAC

Depuis hier?

ORPHÉE

Oui, depuis hier.

DULAC

Ecoutez, je ne pose pas au malin. S'il s'agissait d'une autre question — vous avez l'air plus intelligent que moi — je vous dirais peut-être : « Ah! bon », mais il y a deux choses que je connais bien : mon métier d'abord...

ORPHÉE

Et puis, Eurydice?

DULAC

Non, je n'ai pas cette prétention. J'allais dire un mot beaucoup plus modeste : les femmes. Je suis impresario depuis vingt ans. Les femmes, j'en vends, mon petit, à la grosse, pour lever la jambe dans les revues de province ou brailler le grand air de *La Tosca* dans les casinos ; cela m'est égal — et puis, je les aime. Cela fait au moins une bonne raison sur deux pour prétendre les connaître. Et Eurydice est peut-être une drôle de fille — je vous l'ai dit le premier — mais à la façon dont nous avons vu tous deux qu'elle était bâtie, vous m'accorderez que c'est tout de même une femme...

ORPHÉE

Non.

DULAC

Comment, non ? Elle vous a paru un ange, la vôtre ? Regardez-moi bien, mon vieux, Eurydice a été à moi pendant un an. Est-ce que j'ai un air à séduire un ange ?

ORPHÉE

Vous mentez. Eurydice ne peut avoir été à vous !

DULAC

Vous êtes son amant, moi aussi. Voulez-vous que je vous la décrive ?

ORPHÉE *recule.*

Non.

DULAC *s'approche, ignoble.*

Comment est-elle, la vôtre ? On la sort du lit le matin ? On l'arrache à ses romans policiers, à ses cigarettes ? D'abord, l'avez-vous vue un seul instant

sans un mégot au coin du bec comme un petit
voyou? et ses bas? Elle les a retrouvés ses bas en se
levant? Soyez donc franc. Avouez en tout cas que
sa chemise était accrochée en haut de l'armoire, ses
souliers dans la baignoire, son chapeau sous le
fauteuil et son sac introuvable. Je lui en ai déjà
acheté sept.

ORPHÉE

Ce n'est pas vrai.

DULAC

Comment, ce n'est pas vrai? Vous avez vu une
Eurydice ordonnée, vous? Je ne crois pas aux
miracles. J'espère, en tout cas, qu'elle vous a déjà
fait commencer les stations devant les vitrines.
Combien de robes vous a-t-elle déjà demandé de lui
acheter depuis hier? combien de chapeaux? entre
nous...

ORPHÉE

Eurydice m'a suivi avec une seule robe. Une
seule petite valise.

DULAC

Je commence à croire que nous ne parlons pas de
la même, ou alors c'est qu'elle pensait que ce n'était
pas pour longtemps... Elle vous disait que c'était
pour la vie? Je suis sûr qu'elle était sincère. Elle
pensait : « Cela sera pour la vie, s'il est assez fort
pour me garder, si le papa Dulac ne retrouve pas
ma trace, s'il ne vient pas me reprendre. » Et tout
au fond d'elle, elle était bien certaine que le papa
Dulac la retrouverait. Cela aussi, c'est tout à fait
d'elle...

ORPHÉE

Non.

DULAC

Mais si, mon vieux, mais si... Eurydice est un être rare, c'est entendu, mais elle a tout de même la mentalité de toutes ces petites bonnes femmes-là.

ORPHÉE

Ce n'est pas vrai!

DULAC

Rien n'est vrai avec vous; vous êtes drôle! Il y a combien de temps qu'elle est descendue?

ORPHÉE

Vingt minutes.

DULAC

Bon, cela c'est vrai?

ORPHÉE

Oui.

DULAC

Elle a tenu à descendre seule, n'est-ce pas?

ORPHÉE

Oui, cela l'amusait d'acheter seule notre dîner.

DULAC

Cela aussi, c'est vrai?

ORPHÉE

Oui.

DULAC

Eh bien, écoutez-moi, je venais de lui faire remettre une lettre cinq minutes avant, lui demandant de me rejoindre sur le quai.

ORPHÉE

Personne n'a pu lui remettre une lettre, je ne l'ai
pas quittée un instant depuis hier.

DULAC

Vous en êtes bien sûr?

*Il regarde le garçon. Orphée le regarde aussi
sans savoir pourquoi.*

LE GARÇON, *qui se trouble soudain.*

Excusez-moi, je crois qu'on m'appelle.

Il disparaît.

ORPHÉE

Je l'ai laissée une minute, c'est vrai. Cet homme
était venu me dire qu'on me demandait au bureau.

DULAC

C'est lui que j'avais chargé de remettre un mot à
Eurydice seule. Il le lui a remis pendant que vous
étiez en bas.

ORPHÉE *va à lui.*

Qu'est-ce que vous lui disiez sur ce mot?

DULAC

Que je l'attendais au train de huit heures douze.
Je n'avais pas besoin d'en dire davantage... Puisque
le destin venait frapper à sa porte, lui dire :
« Eurydice, c'est fini », j'étais sûr qu'elle obéirait.
Ce sont les hommes, mon vieux, qui sautent par la
fenêtre...

ORPHÉE

Vous voyez pourtant qu'elle n'est pas venue vous
rejoindre !

DULAC

C'est d'ailleurs vrai. Elle n'est pas venue. Mais mon Eurydice à moi est toujours en retard. Je ne m'inquiète pas trop. Vous lui avez fait faire un grand marché à la vôtre?

ORPHÉE

Du pain, des fruits.

DULAC

Et vous dites qu'elle est descendue depuis vingt minutes? J'ai l'impression que c'est beaucoup pour acheter du pain et des fruits. La rue est pleine de marchandes. Est-ce que votre Eurydice ne serait pas également en retard?

A la jeune fille.

Elle doit être à la gare en train de nous chercher, va voir, toi.

ORPHÉE

J'y vais aussi!

DULAC

Vous commencez à croire qu'elle a pu vouloir nous rejoindre? Moi, je reste ici.

ORPHÉE *s'arrête et crie à la jeune fille.*

Si vous la voyez, dites-lui que...

DULAC

C'est inutile. Si elle la trouve à la gare, c'est que c'est moi qui avais raison; c'est que votre petite Eurydice fidèle et ordonnée était un rêve. Et dans ce cas, vous n'avez plus rien à lui dire.

ORPHÉE *crie à la jeune fille.*

Dites-lui que je l'aime!

DULAC

Vous lui tirerez peut-être une larme; elle est
sensible. C'est tout.

ORPHÉE *crie encore.*

Dites-lui qu'elle n'est pas comme les autres
croient, qu'elle est comme moi je sais qu'elle est!

DULAC

C'est trop compliqué à expliquer dans une gare.
Fais vite, toi, et, tenez, je suis beau joueur, ramène-
la. Dans une minute elle va pouvoir nous le dire,
elle, ce qu'elle est.

> *La jeune fille va sortir, elle se heurte au*
> *garçon qui paraît sur le seuil.*

LE GARÇON

Monsieur...

ORPHÉE

Qu'est-ce que c'est?

LE GARÇON

C'est un agent avec la camionnette de la police...

ORPHÉE

Qu'est-ce qu'il veut?

LE GARÇON

Il vient demander s'il y avait quelqu'un ici qui
était parent de la jeune fille, parce qu'elle a eu un
accident, Monsieur, dans le car de Toulon...

ORPHÉE *crie comme un fou.*

Elle est blessée? Elle est en bas?

> *Il se précipite dans le couloir, Dulac le suit*

*jetant son cigare avec un juron étouffé ; la jeune
fille disparaît aussi.*

DULAC, *en sortant.*

Qu'est-ce qu'elle allait faire dans le car de
Toulon?

*Le garçon est resté seul en face de M. Henri
qui n'a pas fait un geste.*

LE GARÇON

Ils ne sauront jamais ce qu'elle allait y faire...
Elle n'est pas blessée, elle est morte. En sortant de
Marseille le car a accroché un camion-citerne. Les
autres voyageurs ont seulement reçu des éclats de
vitres. Il n'y a qu'elle... Je l'ai vue, ils l'ont étendue
dans le fond de la camionnette. Elle n'a qu'une
toute petite blessure à la tempe. On dirait qu'elle
dort.

*M. Henri ne semble pas l'entendre. Les mains
enfoncées dans les poches de son manteau, il
passe devant lui. Sur le seuil il se retourne.*

M. HENRI

Vous direz qu'on prépare ma note. Je pars ce
soir.

Il sort.

LE RIDEAU TOMBE

TROISIÈME ACTE

Le décor du buffet de la gare dans l'ombre. C'est la nuit. Une vague lueur vient seulement des quais où brillent seules les lumières des signaux. On entend le grelottement imprécis d'un timbre au loin.

Le buffet est désert. Les chaises sont empilées sur les tables. La scène reste vide un instant, puis une des portes du quai s'entrouvre : M. Henri entre et fait entrer Orphée sans chapeau, vêtu d'un imperméable. Il est hâve, fatigué.

ORPHÉE *regarde autour de lui sans comprendre.*

Où sommes-nous?

M. HENRI

Tu ne reconnais pas?

ORPHÉE

Je ne peux plus marcher.

M. HENRI

Tu vas te reposer.

Il prend une chaise sur une table.

Tiens, une chaise.

Orphée s'assoit.

ORPHÉE

Où sommes-nous? Est-ce que j'ai bu? Tout tourne autour de moi. Qu'est-ce qui s'est passé depuis hier?

M. HENRI

C'est encore hier.

ORPHÉE *réalise soudain et crie, voulant se lever.*

Vous m'avez promis...

M. HENRI *lui met la main sur l'épaule.*

Oui, je t'ai promis. Reste assis. Repose-toi. Veux-tu fumer?

Il tend une cigarette qu'Orphée prend machinalement.

ORPHÉE *regarde encore autour de lui pendant que l'allumette brûle.*

Où sommes-nous?

M. HENRI

Devine.

ORPHÉE

Je veux savoir où nous sommes.

M. HENRI

Tu m'as dit que tu n'aurais pas peur.

ORPHÉE

Je n'ai pas peur. Je veux seulement savoir si nous sommes enfin arrivés.

M. HENRI

Oui, nous sommes arrivés.

ORPHÉE

Où?

M. HENRI

Un peu de patience.

> *Il frotte encore une allumette, suit les murs,
> va à un commutateur électrique. Un petit bruit
> dans l'ombre, une applique s'allume sur le mur
> du fond, dispensant une lumière avare.*

Tu reconnais maintenant?

ORPHÉE

C'est le buffet de la gare...

M. HENRI

Oui.

ORPHÉE *se dresse.*

Vous m'avez menti, n'est-ce pas?

M. HENRI *le force à se rasseoir.*

Non. Je ne mens jamais. Reste assis. Ne crie pas.

ORPHÉE

Pourquoi êtes-vous entré dans ma chambre tout
à l'heure? J'étais couché sur ce lit défait. J'avais
mal. J'étais presque bien, vautré dans mon mal.

M. HENRI, *sourdement.*

Je n'avais plus le courage de t'écouter souffrir.

ORPHÉE

Qu'est-ce que cela pouvait bien vous faire que je
souffre?

M. HENRI

Je ne sais pas. C'est la première fois. Quelque
chose d'étranger qui s'est mis à faiblir en moi. Et si

tu pleurais, si tu souffrais encore, cela allait saigner comme une plaie... J'étais en train de quitter l'hôtel. J'ai reposé mes valises et je suis entré pour te calmer. Et comme rien ne te calmait, alors je t'ai fait cette promesse pour que tu te taises.

ORPHÉE

Je me suis tu, maintenant. J'ai mal sans bruit. Si vous avez les nerfs sensibles, cela doit vous suffire.

M. HENRI

Tu ne me crois toujours pas?

ORPHÉE *se prend la tête à deux mains.*

Je voudrais vous croire de toutes mes forces, mais je ne vous crois pas, non.

M. HENRI *a un petit rire silencieux;*
il tire les cheveux d'Orphée.

Dure tête! petit homme. Tu pleures, tu gémis, tu souffres, mais tu ne veux pas croire. Je t'aime bien. Il a fallu que je t'aime bien, hier, pour ne pas fuir aussitôt, comme d'habitude. Pour entrer dans cette chambre où tu sanglotais. Je hais la douleur.

Il lui tire encore les cheveux avec une sorte de tendresse étrange.

Bientôt tu ne pleureras plus, petite tête, tu n'auras plus à te demander s'il faut croire ou s'il ne faut pas croire.

ORPHÉE

Elle va venir?

M. HENRI

Elle est déjà ici.

ORPHÉE

Dans cette gare?

Il crie.

Mais elle est morte, j'ai vu les hommes l'emporter.

M. HENRI

Tu veux comprendre, hein, petit homme? Cela ne te suffit pas que le destin fasse une exception énorme pour toi. Tu as mis ta main sans trembler dans la mienne, tu m'as suivi sans même me demander qui j'étais, sans ralentir le pas jusqu'au bout de la nuit, mais tu veux comprendre tout de même...

ORPHÉE

Non. Je veux la revoir. C'est tout.

M. HENRI

Tu n'es pas plus curieux que cela? Je t'amène aux portes de la mort et tu ne penses qu'à ta bonne amie, petit homme... Tu as bien raison, la mort ne mérite que ton mépris. Elle abat ses énormes filets, fauche au hasard, grotesque, épouvantable, géante. Une imbécile capable de se faucher un membre avec le reste. Pour qui vous a vu vous tirer d'affaire, tenir bon à la crosse d'une mitrailleuse ou à la barre d'un navire, tirer parti de tout et abattre avec précision votre ennemi, les hommes sont autrement redoutables. Pauvre mort... Lourde folle.

Il s'est assis près d'Orphée, un peu las.

Je vais te confier un secret, à toi seul, parce que je t'aime bien. Elle n'a qu'une chose pour elle que personne ne sait. Elle est bonne, elle est effroyablement bonne. Elle a peur des larmes, des douleurs. Chaque fois qu'elle le peut, chaque fois que la vie le lui permet, elle fait vite... Elle dénoue, détend, délace, tandis que la vie s'obstine, se cramponne comme une pauvre, même si elle a perdu la partie,

même si l'homme ne peut plus bouger, s'il est
défiguré, même s'il doit souffrir toujours. La mort
seule est une amie. Du bout du doigt, elle rend au
monstre son visage, elle apaise le damné, elle
délivre.

ORPHÉE *crie soudain.*

Moi, j'aurais préféré Eurydice défigurée, souf-
frante, vieille!

M. HENRI *baisse la tête, soudain accablé.*

Bien sûr, petite tête, vous êtes tous pareils.

ORPHÉE

Elle m'a volé Eurydice, oui, l'amie! du doigt elle
a fané Eurydice jeune, Eurydice légère, Eurydice
souriante...

M. HENRI *se lève soudain comme excédé,*
il dit brusquement :

Elle va te la rendre.

ORPHÉE *s'est dressé aussi.*

Quand?

M. HENRI

Tout de suite. Mais écoute-moi bien. Ton
bonheur était de toute façon fini. Ces vingt-quatre
heures, ce pauvre jour, c'est tout ce qu'elle réservait
au petit Orphée et à la petite Eurydice, la vie — ta
chère vie. Aujourd'hui tu ne pleurerais peut-être
pas Eurydice morte, mais tu serais en train de
pleurer Eurydice échappée...

ORPHÉE

Ce n'est pas vrai. Elle n'avait pas été au rendez-
vous de cet homme!

M. HENRI

Non. Mais elle n'était pas revenue dans ta chambre non plus. Elle avait pris le car de Toulon toute seule, sans argent, sans valise. Où fuyait-elle ? Et qui était-elle au juste, cette petite Eurydice que tu as cru pouvoir aimer ?

ORPHÉE

Qui qu'elle soit, je l'aime encore. Je veux la revoir. Ah ! je vous en supplie, Monsieur, rendez-la-moi, même imparfaite. Je veux avoir mal et honte à cause d'elle. Je veux la reperdre et la retrouver. Je veux la haïr et la bercer après comme un petit enfant. Je veux lutter, je veux souffrir, je veux accepter... Je veux vivre.

M. HENRI, *agacé.*

Tu vas vivre...

ORPHÉE

Avec les taches, les ratures, les désespoirs et les recommencements — avec la honte...

M. HENRI *le regarde, méprisant et tendre*
tout de même ; il murmure.

Petit homme...

Il va à lui, d'un autre ton.

Adieu, on te la rend. Elle est là, sur le quai, à la même place où tu l'as vue hier pour la première fois — à t'attendre, éternellement. Tu te souviens de la condition ?

ORPHÉE, *qui regarde déjà la porte.*

Oui.

M. HENRI

Répète. Si tu oubliais cette condition, je ne pourrais plus rien pour toi.

ORPHÉE

Je ne dois pas la regarder en face.

M. HENRI

Cela ne sera pas facile.

ORPHÉE

Si je la regarde en face une seule fois avant le matin, je la reperds.

M. HENRI *s'arrête, souriant.*

Tu ne demandes plus pourquoi, ni comment, dure tête?

ORPHÉE, *qui regarde toujours la porte.*

Non.

M. HENRI *sourit encore.*

C'est bien... Adieu. Tu peux tout reprendre au commencement. Ne me remercie pas. A bientôt.

> *Il sort. Orphée reste un instant sans bouger, puis il va à la porte et il l'ouvre sur le quai désert. Orphée d'abord ne dit rien, puis sourde-ment il questionne sans regarder.*

ORPHÉE

Tu es là?

EURYDICE

Oui, mon chéri. Je sais. Ils me l'ont dit.

ORPHÉE

On m'a permis de venir te reprendre... Seule-ment, je ne dois pas te regarder avant le jour.

EURYDICE *paraît.*

Oui, mon chéri. Je sais. Ils me l'ont dit.

ORPHÉE *la prend par la main*
et l'entraîne sans la regarder.

    Ils traversent la scène en silence jusqu'à une banquette.

Viens. Nous allons attendre l'aube ici. Quand les garçons arriveront pour le premier train, au lever du jour, nous serons libres. Nous leur demanderons du café bien chaud, de quoi manger. Tu seras vivante. Tu n'as pas eu trop froid?

EURYDICE

Si. C'est surtout cela. Un froid terrible. Mais on m'a défendu de parler de rien. Je peux seulement dire jusqu'au moment où le chauffeur a fait ce sourire dans le rétroviseur et où le camion-citerne s'est jeté sur nous comme une bête folle.

ORPHÉE

Le chauffeur s'était retourné pour sourire dans la glace?

EURYDICE

Oui. Tu sais, ces garçons du Midi, ils croient que toutes les femmes les regardent. Je n'avais pourtant pas envie d'être regardée.

ORPHÉE

C'était à toi qu'il souriait?

EURYDICE

Oui. Je t'expliquerai plus tard, mon chéri. Il a donné un coup de volant et tout le monde a crié à la fois. J'ai vu le camion-citerne bondir et le sourire du garçon devenir une grimace. C'est tout.

    Un temps. Elle ajoute de sa petite voix :

Après je n'ai plus le droit.

ORPHÉE

Tu es bien?

EURYDICE

Oh! oui, contre toi.

ORPHÉE

Prends mon manteau sur tes épaules.

Il lui met son manteau. Un silence. Ils sont bien.

EURYDICE

Tu te rappelles le garçon de la Comédie-Française?

ORPHÉE

On va le revoir demain matin.

EURYDICE

Et la belle caissière muette? On va peut-être savoir enfin ce qu'elle pensait de nous. C'est commode de revivre... C'est comme si on venait seulement de se rencontrer.

Elle demande comme la première fois.

Es-tu bon, es-tu méchant, comment t'appelles-tu?

ORPHÉE *se prête au jeu en souriant.*

Orphée, et toi?

EURYDICE

Eurydice...

Et puis doucement elle ajoute :

Seulement cette fois nous sommes prévenus.

Elle baisse la tête, elle dit après un petit temps.

Je te demande pardon. Tu as dû avoir si peur...

ORPHÉE

Oui. Au début c'est une présence sourde qui vous accompagne, qui vous fixe par-derrière, qui vous écoute parler. Et puis tout d'un coup, cela vous saute dessus comme une bête. C'est d'abord un poids de plus en plus lourd qu'on porte sur les épaules et puis cela bouge, cela se met à vous labourer la nuque, à vous étrangler. Et on regarde les autres qui sont calmes, les autres qui n'ont pas de bête sur leur dos, qui n'ont pas peur et qui disent : « Non, c'est normal, elle a peut-être raté le tramway, elle a peut-être bavardé en route... » Mais la bête hurle maintenant en vous labourant l'omoplate. « Est-ce qu'on rate le tramway dans la vie? Non, on glisse dessous en descendant en marche; on le heurte en voulant traverser. Est-ce qu'on bavarde en route dans la vie? Non! on devient subitement folle, on est enlevée, on s'enfuit... » Heureusement, le garçon est entré me délivrer avec un malheur précis sur le visage. Quand je t'ai vue, en bas, couchée dans cette camionnette, cela s'est arrêté, je n'ai plus eu peur.

EURYDICE

Ils m'avaient mise dans une camionnette?

ORPHÉE

La camionnette de la police. Ils t'avaient étendue sur la banquette du fond, un agent à côté de toi, comme une petite voleuse qu'on arrête.

EURYDICE

J'étais laide?

ORPHÉE

Tu avais seulement un peu de sang sur la tempe.
Tu avais l'air de dormir.

EURYDICE

Dormir? Si tu savais comme je courais. Je
courais droit devant moi comme une folle.

Elle s'arrête, un petit temps; elle demande.

Tu as dû avoir mal?

ORPHÉE

Oui.

EURYDICE

Je te demande pardon.

ORPHÉE, *sourdement.*

Il ne faut pas.

EURYDICE, *après un temps encore.*

Si l'on m'a rapportée à l'hôtel, c'est parce que je
tenais encore une lettre dans la main. Je te l'avais
écrite dans le car en attendant qu'on parte. On te
l'a donnée?

ORPHÉE

Non. Ils ont dû la garder au commissariat.

EURYDICE

Ah!

Elle demande, inquiète soudain.

Tu crois qu'ils vont la lire?

ORPHÉE

C'est possible.

EURYDICE

On ne peut pas, tu crois, les empêcher de la lire?
On ne peut pas faire quelque chose tout de suite?
Envoyer quelqu'un là-bas, leur téléphoner, leur
dire qu'ils n'ont pas le droit?

ORPHÉE

C'est trop tard.

EURYDICE

Mais c'est à toi que je l'avais écrite cette lettre,
c'était pour toi ce que je disais. Comment veux-tu
qu'il soit possible qu'un autre la lise? Qu'un autre
murmure ces mots? Un gros homme avec de sales
pensées peut-être, un gros homme laid et content
de lui? Il va rire, il va sûrement rire de ma peine...
Oh! empêche-le, s'il te plaît, empêche-le de la lire,
je t'en supplie! Il me semble que je suis toute nue
devant un autre...

ORPHÉE

Ils n'ont peut-être pas décacheté l'enveloppe.

EURYDICE

Mais je ne l'avais pas encore cachetée! j'étais en
train de le faire lorsque le camion nous a heurtés.
Et c'est sans doute pour cela que le chauffeur m'a
regardée dans la glace. Je tirais la langue, cela l'a
fait sourire, j'ai souri aussi...

ORPHÉE

Tu as souri aussi. Tu pouvais donc sourire, toi?

EURYDICE

Mais non, je ne pouvais pas sourire, tu ne
comprends rien! je venais de t'écrire cette lettre où
je te disais que je t'aimais, que j'avais mal mais

qu'il fallait que je parte... J'ai tiré la langue pour lécher la colle de l'enveloppe; il a dit une plaisanterie comme ces garçons-là en disent... Tout le monde souriait autour de moi...

Elle s'arrête, découragée.

Ah! ce n'est pas pareil quand on raconte. C'est difficile. Tu vois, tout est trop difficile...

ORPHÉE *commence sourdement.*

Qu'est-ce que tu allais faire dans le car de Toulon?

EURYDICE

Je me sauvais.

ORPHÉE

Tu avais reçu la lettre de Dulac?

EURYDICE

Oui, c'est pour cela que je partais.

ORPHÉE

Pourquoi ne me l'as-tu pas montrée, cette lettre, quand je suis remonté?

EURYDICE

Je ne le pouvais pas.

ORPHÉE

Qu'est-ce qu'il te disait sur cette lettre?

EURYDICE

De le rejoindre au train de huit heures douze, ou que sinon il viendrait me chercher lui-même.

ORPHÉE

Et c'est pour cela que tu as fui?

EURYDICE

Oui. Je ne voulais pas que tu le voies.

ORPHÉE

Tu n'as pas pensé qu'il viendrait et que je le verrais tout de même?

EURYDICE

Si, mais j'étais lâche, je ne voulais pas être là.

ORPHÉE

Tu as été sa maîtresse?

EURYDICE *crie.*

Non! Il te l'a dit? Je savais qu'il allait te le dire et que tu le croirais! Il me poursuit depuis longtemps, il me déteste. Je savais qu'il allait te parler de moi. J'ai eu peur.

ORPHÉE

Pourquoi ne me l'as-tu pas avoué hier, quand je t'ai demandé de tout me dire, que tu avais été aussi la maîtresse de celui-là?

EURYDICE

Je ne l'ai pas été.

ORPHÉE

Eurydice, maintenant il vaut mieux tout dire. De toute façon, nous sommes deux pauvres êtres blessés sur cette banquette, deux pauvres êtres qui se parlent sans se voir...

EURYDICE

Qu'est-ce qu'il faut donc que je te dise pour que tu me croies?

ORPHÉE

Je ne sais pas. C'est cela, tu vois, qui est épouvantable... Je ne sais plus comment je pourrais jamais te croire...

　　Un temps. Il demande doucement, humble-
　　ment.

Eurydice, pour que je puisse être sans inquié-tude, après, quand tu me diras les choses les plus simples — si tu es sortie, s'il a fait beau, si tu as chanté —, dis-moi la vérité maintenant, même si elle est terrible, même si elle doit me faire mal. Elle ne me fera pas plus mal que cet air qui me manque depuis que je sais que tu m'as menti... Si c'est trop difficile à dire, ne réponds pas plutôt, mais ne me mens pas. Est-ce que cet homme a dit vrai?

EURYDICE, *après un temps imperceptible.*

Non. Il a menti.

ORPHÉE

Tu n'as jamais été à lui?

EURYDICE

Non.

　　　　　　　　　Il y a un silence.

ORPHÉE, *sourdement, regardant droit devant lui.*

Si en ce moment tu dis vrai, cela doit être bien facile de le savoir, ton œil est clair comme une flaque d'eau le soir. Si tu mens ou si tu n'es pas sûre de toi, il y a un cercle d'un vert plus sombre qui va se rétrécissant autour de ta pupille...

EURYDICE

Le jour va se lever bientôt, mon chéri, et tu pourras me regarder...

ORPHÉE *crie soudain.*

Oui. Jusqu'au fond de tes yeux, d'un coup,
comme dans de l'eau. La tête la première au fond
de tes yeux ! et que j'y reste, que je m'y noie...

EURYDICE

Oui, mon chéri.

ORPHÉE

Parce qu'à la fin c'est intolérable d'être deux !
Deux peaux, deux enveloppes, bien imperméables
autour de nous, chacun pour soi avec son oxygène,
avec son propre sang quoi qu'on fasse, bien
enfermé, bien seul dans son sac de peau. On se
serre l'un contre l'autre, on se frotte pour sortir un
peu de cette effroyable solitude. Un petit plaisir,
une petite illusion, mais on se retrouve bien vite
tout seul, avec son foie, sa rate, ses tripes, ses seuls
amis.

EURYDICE

Tais-toi !

ORPHÉE

Alors on parle. On a trouvé cela aussi. Ce bruit
de l'air dans la gorge et contre les dents. Ce morse
sommaire. Deux prisonniers qui tapent contre le
mur du fond de leur cellule. Deux prisonniers qui
ne se verront jamais. Ah ! on est seul, tu ne trouves
pas qu'on est trop seul ?

EURYDICE

Tiens-toi fort contre moi.

ORPHÉE, *qui la tient.*

Une chaleur, oui. Une autre chaleur que la
sienne. Cela, c'est quelque chose d'à peu près sûr.

Une résistance aussi, un obstacle. Un obstacle tiède. Allons, il y a quelqu'un. Je ne suis pas tout à fait seul. Il ne faut pas être exigeant!

EURYDICE

Demain, tu pourras te retourner. Tu m'embrasseras.

ORPHÉE

Oui. J'entrerai un moment dans toi. Je croirai pendant une minute que nous sommes deux tiges enlacées sur la même racine. Et puis nous nous séparerons et nous redeviendrons deux. Deux mystères, deux mensonges. Deux.

Il la caresse. Il rêve.

Voilà, il faudrait qu'un jour tu me respires avec ton air, que tu m'avales. Ce serait merveilleux. Je serais tout petit dans toi, j'aurais chaud, je serais bien.

EURYDICE, *doucement.*

Ne parle plus. Ne pense plus. Laisse ta main se promener sur moi. Laisse-la être heureuse toute seule. Tout redeviendrait si simple si tu laissais ta main seule m'aimer. Sans plus rien dire.

ORPHÉE

Tu crois que c'est cela qu'ils appellent le bonheur?

EURYDICE

Oui. Ta main est heureuse, elle, en ce moment. Ta main ne me demande rien que d'être là, docile et chaude sous elle. Ne me demande rien, toi non plus. Nous nous aimons, nous sommes jeunes; nous allons vivre. Accepte d'être heureux, s'il te plaît...

ORPHÉE *se lève*.

Je ne peux pas.

EURYDICE

Accepte si tu m'aimes.

ORPHÉE

Je ne peux pas.

EURYDICE

Tais-toi, alors, au moins.

ORPHÉE

Je ne peux pas non plus! Tous les mots ne sont pas encore dits. Et il faut que nous disions tous les mots, un par un. Il faut que nous allions jusqu'au bout maintenant de mot en mot. Et il y en a, tu vas voir!

EURYDICE

Mon chéri, tais-toi, je t'en supplie!

ORPHÉE

Tu n'entends pas? C'est un essaim depuis hier autour de nous. Les mots de Dulac, mes mots, tes mots, les mots de l'autre, tous les mots qui nous ont menés là. Et ceux de tous les gens qui nous regardaient comme deux bêtes qu'on emmène, et ceux qu'on n'a pas prononcés encore mais qui sont là, attirés par l'odeur des autres; les plus conventionnels, les plus vulgaires, ceux qu'on déteste le plus. Nous allons les dire; nous allons sûrement les dire. On les dit toujours.

EURYDICE *s'est levée, elle crie*.

Mon chéri!

ORPHÉE

Ah! non, je ne veux plus de mots! assez. Nous sommes poissés de mots depuis hier. Maintenant, il faut que je te regarde.

EURYDICE *s'est jetée contre lui,*
elle le tient à bras-le-corps.

Attends, attends, s'il te plaît. Ce qu'il faut, c'est sortir de la nuit. C'est bientôt le matin. Attends. Tout va redevenir simple. Ils vont nous apporter du café, des tartines...

ORPHÉE

C'est trop long d'attendre le matin. C'est trop long d'attendre d'être vieux...

EURYDICE *le tient embrassé;*
la tête dans son dos, elle supplie.

Oh! s'il te plaît, mon chéri, ne te retourne pas, ne me regarde pas... A quoi bon? Laisse-moi vivre... Tu es terrible, tu sais, terrible comme les anges. Tu crois que tout le monde avance, fort et clair comme toi, en faisant fuir les ombres de chaque côté de la route... Il y en a qui n'ont qu'une toute petite lumière hésitante que le vent gifle. Et les ombres s'allongent, nous poussent, nous tirent, nous font tomber... Oh! s'il te plaît, ne me regarde pas, mon chéri, ne me regarde pas encore... Je ne suis peut-être pas celle que tu voulais que je sois. Celle que tu avais inventée dans le bonheur du premier jour... Mais tu me sens, n'est-ce pas, contre toi? Je suis là, je suis chaude, je suis douce et je t'aime. Je te donnerai tous les bonheurs que je peux te donner. Mais ne me demande pas plus que je ne peux, contente-toi... Ne me regarde pas. Laisse-moi vivre... Dis, je t'en prie... J'ai tellement envie de vivre...

ORPHÉE *crie.*

Vivre, vivre! Comme ta mère et son amant, peut-
être, avec des attendrissements, des sourires, des
indulgences et puis des bons repas, après lesquels
on fait l'amour et tout s'arrange. Ah! non. Je t'aime
trop pour vivre!

> *Il s'est retourné, il la regarde, ils sont l'un en*
> *face de l'autre maintenant, séparés par un*
> *épouvantable silence. Il demande enfin sourde-*
> *ment.*

Il t'a tenue contre lui, ce gros homme? Il t'a
touchée avec ses mains pleines de bagues?

EURYDICE

Oui.

ORPHÉE

Depuis quand es-tu sa maîtresse?

> EURYDICE *lui répond maintenant avec*
> *la même avidité à se déchirer.*

Depuis un an.

ORPHÉE

C'est vrai que tu étais avec lui avant-hier?

EURYDICE

Oui, la veille du jour où je t'ai rencontré, il est
venu me chercher le soir après le spectacle. Il m'a
fait un chantage. Il me faisait un chantage chaque
fois.

DULAC *entre soudain.*

Avoue que ce jour-là tu m'as suivi de bon cœur,
petite menteuse.

EURYDICE *s'arrache des bras d'Orphée,*
court à lui.

De bon cœur? de bon cœur? Je crachais chaque
fois que tu m'embrassais.

DULAC, *tranquillement.*

Oui, ma colombe.

EURYDICE

Dès que tu m'avais lâchée, je me sauvais, je me
mettais toute nue dans ma chambre, je me lavais, je
me changeais de tout. Tu ne l'as jamais su, cela?

DULAC, *à Orphée.*

Quelle folle!

EURYDICE

Tu peux rire, je te connais, tu ris jaune.

ORPHÉE

Pourquoi tutoies-tu cet homme?

EURYDICE *crie, sincère.*

Mais je ne le tutoie pas!

DULAC *ricane, à Orphée.*

Vous voyez? et le reste est à l'avenant, jeune
homme! Je vous dis que vous vous égarez.

EURYDICE

Ne prends pas tes airs de matamore, ne fais pas
celui qui est le plus fort...

A Orphée.

Pardon, mon chéri, mais tout le monde se dit
« tu » au théâtre. Vincent le tutoie, maman le
tutoie; c'est pour cela que je te dis que je ne le
tutoie pas. Je ne le tutoie pas parce que j'ai été sa

maîtresse. Je le tutoie parce que tout le monde le tutoie.

Elle s'arrête, découragée.

Ah! que c'est difficile, que c'est difficile de toujours expliquer tout!...

DULAC

Il faut pourtant que tu expliques tout maintenant. Tu as dit qu'il t'avait fait un chantage ce soir-là comme tous les soirs. Quel chantage?

EURYDICE

Toujours le même.

DULAC

Tu vas nous raconter maintenant que tu y as cru pendant un an à ce chantage, petite menteuse?

EURYDICE

Tu vois, tu l'avoues toi-même que tu me l'as fait pendant un an!

DULAC

Ne fais pas la bête, Eurydice, tu ne l'es pas. Je te demande si, « toi », tu y as cru pendant un an à ce chantage?

EURYDICE

Pourquoi le faisais-tu donc chaque fois, si tu pensais que je n'y croyais pas?

DULAC

C'était devenu une formalité, cette menace. Je la faisais pour qu'à tes yeux de sale petite orgueilleuse tu aies une raison qui t'oblige à me suivre sans t'avouer ton plaisir. On n'est pas plus galant, hein, avec les dames?

EURYDICE

Comment, quand tu venais me menacer, tu n'y croyais pas, toi, à ce chantage? Tu me trompais chaque fois? Tu m'entraînais chaque fois et ce n'était pas vrai, tu ne l'aurais pas renvoyé vraiment?

DULAC

Mais non, petite dinde.

ORPHÉE

De quoi venait-il te menacer?

Le petit régisseur apparaît, souffreteux, maladroit. Il enlève son petit chapeau avant de parler.

LE PETIT RÉGISSEUR

Il la menaçait de me renvoyer, Monsieur, chaque fois, de ma place de régisseur.

DULAC *explose en le voyant.*

C'est un crétin! Il perd toujours tout! Je ne veux pas d'un crétin pareil dans ma troupe!

EURYDICE

Tu comprends, mon chéri, ce petit, il est tout seul avec son frère qui a dix ans; ils n'ont que ce qu'il gagne pour vivre... Et puis c'est trop injuste, tout le monde le déteste et ne pense qu'à le faire renvoyer.

LE PETIT RÉGISSEUR

Vous comprenez, Monsieur, il faut que je m'occupe de toutes les malles, de tous les décors, et je suis tout seul.

Il tombe assis sur une banquette en pleurant.

Je n'y arriverai jamais! Je n'y arriverai jamais!

DULAC

C'est un abruti, je vous dis que c'est un abruti !

EURYDICE

C'est toi qui l'abrutis à toujours crier dans ses oreilles. Je suis sûre que si on lui parlait douce-ment, il comprendrait. Ecoute-moi, petit Louis...

LE PETIT RÉGISSEUR

Oui, je t'écoute, Eurydice...

EURYDICE, *à Orphée.*

Tu vois, à lui aussi, je lui dis « tu ». Tout le monde se dit « tu ».

Elle revient au petit.

Ecoute, petit Louis, c'est pourtant bien simple. Tu arrives à la gare de correspondance. Tu descends vite du train. Tu cours au fourgon. Tu as pris soin de monter en queue pour arriver dès qu'ils commencent à décharger. Tu comptes les malles pour être sûr que les employés n'en oublient pas une...

LE PETIT RÉGISSEUR

Oui, mais les autres sont pressés d'aller en ville. Ils m'apportent déjà leurs valises...

EURYDICE

Tu dois leur dire d'attendre. Que tu t'occupes d'abord des malles.

LE PETIT RÉGISSEUR

Oui, mais ils posent leurs valises à côté de moi sur le quai en me disant de faire attention et ils s'en vont. Et le quai est plein de monde qui passe...

EURYDICE

Il ne faut pas les laisser s'en aller! il faut leur courir après!

LE PETIT RÉGISSEUR

Mais alors je ne vois plus les malles si je leur cours après! Oh! je n'y arriverai jamais; je te dis que je n'y arriverai jamais! Il vaut mieux me laisser...

DULAC *explose.*

C'est un idiot! je vous dis que c'est un idiot! Cette fois c'est décidé. C'est vu. C'est réglé. Je le débarque à Châtellerault!

EURYDICE

Mais ne crie pas toujours, toi! Si tu cries, comment veux-tu qu'il comprenne?

DULAC

Il ne comprendra jamais! Je te dis que c'est un minus! A Châtellerault, tu passes à la caisse, bougre d'âne!

LE PETIT RÉGISSEUR

Monsieur Dulac, si vous me renvoyez je ne sais plus où aller. On est perdu tous les deux, avec mon petit frère... Je vous jure que je ferai attention, Monsieur Dulac!

DULAC

A la caisse! à la caisse! j'ai dit!

EURYDICE

Je l'aiderai! Je te promets que je m'arrangerai pour qu'il ne perde jamais plus rien...

DULAC

On les connaît, les promesses! Non, non, c'est une andouille. Saqué, débarqué! je n'en veux plus!

EURYDICE *s'est accrochée à lui, suppliante.*

Je te jure qu'il fera attention. Dis, Dulac, je te le jure...

DULAC *la regarde.*

Oh! tu jures toujours, toi, mais tu ne tiens pas souvent.

EURYDICE, *plus bas.*

Si...

DULAC *s'approche et à mi-voix.*

Si je le garde encore une fois, tu seras gentille?

EURYDICE *baisse les yeux.*

Oui.

Elle revient à Orphée.

Et voilà comment cela se passait chaque fois... Pardon, mon chéri! j'étais lâche, mais je ne t'aimais pas encore. Je n'aimais personne. Et il n'y avait que moi qui pouvais le défendre.

Un temps, elle murmure.

Je sais bien que tu ne vas plus pouvoir me regarder maintenant...

ORPHÉE, *qui a reculé, sourdement.*

Je te verrai toujours avec les mains de cet homme sur toi. Je te verrai toujours comme il t'a décrite dans cette chambre.

EURYDICE, *humblement.*

Oui, mon chéri.

ORPHÉE

Il n'était même pas jaloux en venant te rechercher. Il ricanait : « Une fille comme Eurydice, il faut qu'on lui passe ses petits caprices. »

EURYDICE *recule un peu.*

Il t'a dit cela ?

ORPHÉE

Comment est-elle la vôtre ? On la sort du lit le matin, on l'arrache à ses romans policiers, à ses cigarettes ? Il savait même que tu étais lâche. Que s'il venait te reprendre, tu ne resterais pas avec moi. Parce que tu es lâche, n'est-ce pas ? Il te connaît mieux que moi ?

EURYDICE

Oui, mon chéri.

ORPHÉE

Mais défends-toi, au moins ! pourquoi ne te défends-tu pas ?

EURYDICE, *qui recule.*

Comment veux-tu que je me défende ? En te mentant ? Je suis désordonnée, c'est vrai, je suis paresseuse, je suis lâche...

LE PETIT RÉGISSEUR *crie soudain.*

Ce n'est pas vrai !

EURYDICE

Qu'est-ce que tu en sais, toi, petit Louis ?

LE PETIT RÉGISSEUR

Tu n'étais pas lâche quand tu me défendais contre eux tous. Je le sais, moi. Tu n'étais pas paresseuse quand tu te levais à six heures pour

venir m'aider en cachette en attendant que les
autres descendent...

DULAC *tombe des nues.*

Comment? Tu te levais le matin, pour aider ce
petit imbécile à expédier les malles?

EURYDICE

Oui, Dulac.

LE PETIT RÉGISSEUR

Et elle qui ne retrouve jamais rien, qui gâche
tout, c'est elle qui classait mes bulletins, qui
m'empêchait de me tromper...

DULAC

On aura tout vu!

ORPHÉE

Mais si ce petit dit vrai, parle! Défends-toi
mieux.

EURYDICE, *doucement.*

Il dit vrai, mais aussi Dulac dit vrai. C'est trop
difficile.

> *Tous les personnages de la pièce sont entrés*
> *pendant qu'ils parlaient. Ils sont massés dans*
> *l'ombre au fond de la scène derrière Eurydice.*

ORPHÉE

C'est vrai. C'est trop difficile; tous les gens qui
t'ont connue sont autour de toi; toutes les mains
qui t'ont touchée sont là, qui rampent sur toi. Et
tous les mots que tu as dits sont sur tes lèvres...

EURYDICE *recule encore un peu*
avec un pauvre sourire.

Alors, tu vois, il vaut mieux que je remeure.

LE CHAUFFEUR *se détache du groupe
et s'avance.*

Vous ne comprenez donc pas qu'elle est fatiguée, cette petite? Et puis qu'elle a honte de se défendre à la longue? Moi, je suis chasseur, eh bien, il y a des petites bêtes comme cela, on les a par la lassitude, par le dégoût. Elles se retournent vers les chiens, elles laissent faire. C'est comme cette histoire dans le car où je l'entends qui s'embrouille depuis un moment...

ORPHÉE

Qui êtes-vous, vous?

EURYDICE

C'est le chauffeur du car, mon chéri. Vous êtes gentil d'être venu, Monsieur.

LE CHAUFFEUR

Il se figure que vous m'avez souri. D'abord, est-ce que j'ai une tête à ce qu'elle me fasse des sourires, cette petite? Il se figure que vous êtes partie avec le sourire. Et de là à croire que vous ne l'aimez pas, il n'y a qu'un pas dans l'état où il est. Eh bien, j'étais là, moi. Je l'ai vue.

LE PETIT RÉGISSEUR

Oh! je suis content, il va te défendre. Vous allez lui dire, n'est-ce pas, Monsieur?

LE CHAUFFEUR

Bien sûr, que je vais lui dire! Je suis là pour ça!

ORPHÉE

Qu'est-ce que vous voulez me dire?

LE CHAUFFEUR

Pourquoi elle a souri. Je la surveillais depuis un

moment du coin de l'œil... Elle écrivait avec un petit crayon dans un coin en attendant le départ... Elle écrivait, elle écrivait et elle pleurait en même temps. Quand elle a eu fini d'écrire, elle s'est séché les yeux avec son petit bout de mouchoir roulé en boule, et elle a tiré la langue pour fermer l'enveloppe... Alors moi, pour dire quelque chose, je lui ai dit : « J'espère qu'il en vaut la peine, au moins, celui-là à qui vous écrivez! »

EURYDICE

Alors j'ai souri parce que j'ai pensé à toi, mon chéri.

LE CHAUFFEUR

Voilà.

> *Il y a un silence. Orphée relève la tête, il regarde Eurydice qui se tient devant lui tout humble.*

ORPHÉE

Si tu m'aimais pourquoi partais-tu?

EURYDICE

Je pensais que je n'y arriverais jamais...

ORPHÉE

A quoi?

EURYDICE

A te faire comprendre.

> *Ils sont l'un en face de l'autre, muets.*

LA MÈRE *s'exclame soudain.*

Moi, ce que je ne comprends pas, c'est que tout leur paraisse si triste à ces enfants! Enfin, mon gros chat, nous aussi, nous avons été des amants passionnés, est-ce que cela nous a rendus tristes?

VINCENT

Mais pas du tout! pas du tout! d'abord, moi, je l'ai toujours dit : un peu d'amour, un peu d'argent, un peu de succès, la vie est belle!

LA MÈRE

Un peu d'amour? Beaucoup d'amour! cette gamine se figure qu'elle a tout inventé avec son petit violoniste. Nous aussi, nous nous sommes adorés. Nous aussi nous avons voulu nous tuer l'un pour l'autre. Tu te souviens à Biarritz en 1913 quand j'ai voulu me jeter du haut du rocher de la Vierge?

VINCENT

Heureusement que je t'ai retenue par ta cape, mon aimée!

LA MÈRE *pousse un petit cri à ce souvenir;
elle se met à expliquer à Orphée.*

C'était délicieux. On portait cette année-là de toutes petites capes gansées de soie, du même drap que la jaquette. Pourquoi est-ce que j'avais voulu me tuer cette fois-là?

VINCENT

C'était parce que la princesse Bosco m'avait retenu toute la nuit à réciter des vers chez elle...

LA MÈRE

Mais non! la princesse Bosco c'est quand j'ai voulu avaler du vinaigre. Je m'étais trompée de bouteille. C'était du vin. J'ai fait une grimace!

VINCENT

Ah! nous sommes bêtes! c'était le jour du professeur de patin!

LA MÈRE

Mais non, l'histoire avec le professeur de patin, c'est pendant la guerre, à Lausanne. Non. Non. Le jour du rocher de la Vierge, c'était toi qui m'avais trompée, j'en suis bien sûre. D'ailleurs, le détail précis n'y ferait rien. Ce qui reste, c'est que nous aussi nous nous sommes aimés passionnément, à en mourir... Eh bien, est-ce que nous en sommes morts?

EURYDICE, *qui recule.*

Non, maman.

LA MÈRE

Tu vois, pauvre idiote, si tu avais écouté ta mère! mais tu ne m'écoutes jamais...

EURYDICE *l'écarte.*

Laisse maintenant, maman, nous n'avons plus le temps...

A Orphée qui la regarde s'éloigner, immobile.

Tu vois, mon chéri, il ne faut pas trop nous plaindre... Tu avais raison, en voulant être heureux, nous serions peut-être devenus comme eux... Quelle horreur!

LA MÈRE

Comment, quelle horreur?

VINCENT

Pourquoi quelle horreur?

ORPHÉE

Pourquoi ne m'as-tu pas tout avoué le premier jour? le premier jour j'aurais peut-être pu comprendre...

EURYDICE

Tu crois que c'est parce que j'étais lâche? Eh
bien, ce n'était pas parce que j'étais lâche...

ORPHÉE

Pourquoi, alors, pourquoi?

EURYDICE

C'est trop difficile, mon chéri, je m'embrouille-
rais encore. Et puis, je n'ai plus le temps. Je te
demande pardon. Ne bouge pas...

> *Elle recule encore, s'arrête devant un person-
> nage.*

Oh! c'est vous la belle caissière, c'est vous qui ne
disiez jamais rien. J'ai toujours pensé que vous
aviez quelque chose à nous dire.

LA CAISSIÈRE

Comme vous étiez beaux tous les deux quand
vous vous êtes avancés l'un vers l'autre dans cette
musique! Vous étiez beaux, innocents et terribles,
comme l'amour...

> EURYDICE *lui sourit et recule encore un peu.*

Merci, Madame.

> *Elle s'arrête devant un autre personnage.*

Tiens, le garçon de la Comédie-Française. Notre
premier personnage. Bonjour!

LE GARÇON, *avec un geste trop noble.*

Adieu. Mademoiselle!

> EURYDICE *sourit malgré elle.*

Vous êtes très noble, très charmant, vous savez.
Bonjour, bonjour...

> *Elle va reculer encore. Elle s'arrête devant un
> jeune homme en noir qu'elle toise, étonnée.*

Mais qui êtes-vous, Monsieur? Vous devez faire erreur, je ne me souviens pas de vous.

LE JEUNE HOMME

Je suis le secrétaire du commissaire de police, Mademoiselle. Vous ne m'avez jamais vu.

EURYDICE

Ah! c'est vous alors qui avez ma lettre. Rendez-la-moi, s'il vous plaît, Monsieur. Rendez-la-moi...

LE JEUNE HOMME

Cela m'est impossible, Mademoiselle.

EURYDICE

Je ne veux pas que ce gros homme, sale et content de lui, la lise!

LE JEUNE HOMME

Je puis vous promettre que Monsieur le commissaire ne la lira pas, Mademoiselle. Moi aussi, j'ai senti qu'il était impossible qu'un homme comme Monsieur le commissaire lise cette lettre. Je l'ai enlevée du dossier. L'affaire est classée, personne ne s'en apercevra jamais. Je l'ai là. Je la relis tous les jours... Mais moi, ce n'est pas la même chose...

> *Il salue, noble et triste, tire la lettre de sa poche et après avoir mis ses lorgnons, il commence à lire en marchant, de sa voix un peu terne.*

« Mon chéri, je suis dans ce car et tu m'attends dans la chambre et, moi, je sais que je ne vais pas revenir. Et j'ai beau penser que, toi, tu ne le sais pas encore, je suis triste, je suis triste pour toi. Il aurait fallu que je puisse prendre seule toute la peine. Mais comment? On a beau être plein de peine, si plein qu'il faut se mordre les lèvres pour qu'elle ne sorte pas de sa bouche dans une plainte, si plein que les larmes sortent toutes seules des yeux — on n'a jamais pris toute la peine; il en reste toujours assez pour deux. Les gens me regardent dans cet autocar. Ils croient que c'est triste à cause de mes larmes. Je déteste les larmes. Elles sont trop bêtes. On pleure aussi quand on se cogne ou quand on épluche un oignon. On pleure quand on est vexé ou quand on a une autre peine. Pour ma peine de maintenant, j'aurais voulu ne pas pleurer. Je suis bien trop triste pour pleurer.

Il assure sa voix, tourne la page et continue.

« Je m'en vais, mon chéri. Depuis hier déjà j'avais peur et en dormant, tu l'as entendu, je disais déjà « c'est difficile ». Tu me voyais si belle, mon chéri. Je veux dire belle moralement, car je sais bien que physiquement tu ne m'as jamais trouvée très, très belle. Tu me voyais si forte, si pure, tout à fait ta petite sœur... Je n'y serais jamais arrivée. Surtout maintenant que l'autre va venir. Il m'a fait porter une lettre. Un autre dont je ne t'avais pas parlé et qui a été aussi mon amant. Ne crois pas que je l'aie aimé, celui-là; tu le verras, on ne peut pas l'aimer. Ne crois pas non plus que je lui aie cédé parce que j'ai eu peur de lui, comme il te le dira peut-être. Tu ne pourras pas comprendre, je le sais bien. Mais je me sentais si forte, et puis aussi je m'estimais si peu. Je ne t'aimais pas, mon chéri; voilà tout le secret. Je ne t'aimais pas. Je ne savais pas. La pudeur des filles comme il faut me faisait bien rire. Cette façon de garder quelque chose par orgueil ou pour un acquéreur de choix, c'est si laid... Depuis hier, mon chéri, je suis plus prude qu'elles. Depuis hier je rougis si on me regarde, je tremble si on me frôle. Je pleure qu'on ait osé me désirer. C'est pour cela que je m'en vais, mon chéri, toute seule... Pas seulement parce que j'ai peur

qu'il te dise comme il m'a connue, pas seulement
parce que j'ai peur que tu te mettes à ne plus
m'aimer... Je ne sais pas si tu comprendras bien, je
m'en vais parce que je suis toute rouge de honte. Je
m'en vais, mon capitaine, et je vous quitte précisément parce que vous m'avez appris que j'étais un
bon petit soldat... »

> *Pendant toute cette lettre Eurydice a reculé.*
> *Elle est tout à fait au fond du décor maintenant.*

ORPHÉE

Pardon, Eurydice.

EURYDICE, *gentiment, du fond.*

Il ne faut pas, mon chéri : c'est moi qui te
demande pardon.

Aux autres.

Excusez-moi, je dois partir.

ORPHÉE *crie.*

Eurydice!

> *Il court comme un fou au fond, elle a disparu.*
> *Tous les autres personnages se sont évanouis*
> *aussi; Orphée reste seul. Il ne bouge pas. Le*
> *matin se lève. Un sifflement de train au loin.*
> *Un grelottement de timbre. Quand la lumière du*
> *jour est presque réelle, le garçon entre, l'air bien*
> *vivant.*

LE GARÇON

Bonjour, Monsieur. Il ne fait pas chaud ce matin.
Je vous sers quelque chose?

ORPHÉE *tombe, assis.*

Oui. Ce que vous voudrez. Un café.

LE GARÇON

Bien, Monsieur.

Il commence à enlever les chaises des tables.
La caissière entre et va à sa caisse, fredonnant
une chanson sentimentale d'avant-guerre. Un
voyageur passe sur le quai, hésitant, puis entre
timidement. Il est surchargé de valises, d'instru-
ments de musique. C'est le père d'Orphée.

LE PÈRE

Tu es là, fiston? Je n'ai pas pris le train de
Palavas, tu sais. Complet. Archicomplet, mon cher.
Et ces animaux-là voulaient me faire payer un
supplément de seconde. Je suis redescendu. Je me
plaindrai à la compagnie. Un voyageur a droit à des
places assises en toutes classes. Ils auraient dû me
déclasser gratis. Tu bois un café?

ORPHÉE, *qui semble ne pas le voir.*

Oui.

LE PÈRE *s'installe près de lui.*

J'en prendrais bien un. J'ai passé la nuit dans la
salle d'attente. Il ne faisait pas chaud.

Il lui glisse à l'oreille.

A te dire vrai, je me suis glissé dans celle des
premières. Une excellente banquette de cuir, mon
cher, j'ai dormi comme un prince.

Il voit la caissière, la lorgne; elle détourne le
regard, lui aussi.

Tu vois, à la lumière du jour elle perd beaucoup,
cette femme. Elle a de beaux nichons, mais elle a
l'air extrêmement vulgaire... Alors, qu'est-ce que
tu as décidé, fiston? La nuit porte conseil. Tu
viens tout de même avec moi?

ORPHÉE

Oui, papa.

LE PÈRE

Je savais bien que tu n'abandonnerais pas ton vieux père! Nous allons nous payer pour fêter cela un bon petit déjeuner à Perpignan. Figure-toi, mon cher, que je connais là-bas un petit prix fixe à quinze francs soixante-quinze, vin compris, café et pousse-café. Oui, mon cher, une excellente fine! Et si tu mets quatre francs de supplément, tu as du homard à la place du hors-d'œuvre. La belle vie, quoi, fiston, la belle vie...

ORPHÉE

Oui, papa.

LE RIDEAU EST TOMBÉ

QUATRIÈME ACTE

La chambre d'hôtel. Orphée, à demi étendu sur le lit. M. Henri debout, appuyé au mur près de lui. Se carrant dans l'unique fauteuil, le père. Il fume un énorme cigare.

LE PÈRE, *à M. Henri.*

C'est un « merveillitas »?

M. HENRI

Oui.

LE PÈRE

Cela doit valoir quelque chose, un cigare comme ça!

M. HENRI

Oui.

LE PÈRE

Et vous, vous ne fumez pas?

M. HENRI

Non.

LE PÈRE

Je ne comprends pas comment, ne fumant pas, vous avez des cigares de ce prix-là sur vous. Vous êtes voyageur de commerce, peut-être?

M. HENRI

C'est cela.

LE PÈRE

De grosses affaires, probablement?

M. HENRI

Oui.

LE PÈRE

Alors, je comprends. Il faut pouvoir amadouer le client. On sort au bon moment un « merveillitas » de sa poche. Vous fumez? L'autre dit oui, trop heureux. Et, hop! le tour est joué. Il n'y a plus qu'à déduire le prix du « merveillitas » du prix de vente auquel on l'avait d'ailleurs ajouté. Vous êtes tous des farceurs! Moi j'aurais adoré faire des affaires. Pas toi, fiston?

> *Orphée ne répond pas. Il le regarde.*

Il faut te secouer, mon petit, il faut te secouer. Tenez, offrez-lui donc un « merveillitas ». Si tu ne le finis pas, je le finirai. Quand je suis triste, moi, un bon cigare...

> *Ni Orphée ni M. Henri ne soulignent cette nouvelle remarque. Le père soupire et ajoute plus timidement.*

Enfin, chacun ses goûts.

> *Il se remet à fumer modestement avec des coups d'œil aux deux hommes silencieux.*

M. HENRI, *doucement après un temps.*

Il faut te lever, Orphée.

LE PÈRE

N'est-ce pas? Je me tue à le lui dire...

ORPHÉE

Non.

LE PÈRE

Seulement, il n'écoute jamais son père.

M. HENRI

Il faut te lever et reprendre la vie où tu l'as laissée, Orphée...

LE PÈRE

On nous attend justement à Perpignan.

ORPHÉE *se dresse à demi et lui crie.*

Tais-toi!

LE PÈRE *se fait tout petit.*

Je dis qu'on nous attend à Perpignan. Je ne dis rien de mal.

ORPHÉE

Je ne retournerai jamais avec toi!

M. HENRI, *doucement.*

Ta vie est pourtant là qui t'attend comme une vieille veste qu'il faut remettre le matin.

ORPHÉE

Hé bien, je ne la remettrai pas.

M. HENRI

En as-tu une autre?

Orphée ne répond pas. Le père fume.

Pourquoi ne retournerais-tu pas avec lui? Moi, je le trouve charmant, ton père!

LE PÈRE

Je ne le lui fais pas dire...

M. HENRI

Et puis, tu le connais. C'est énorme, cela. Tu peux lui dire de se taire, marcher à côté de lui sans parler. Imagines-tu le supplice qui te guette sans lui? Le compagnon de table qui te confie ses goûts, la vieille dame qui te questionne avec un affectueux intérêt? La moindre fille rencontrée dans la rue exige aussi qu'on parle d'elle. Si tu ne veux pas payer ton tribut de paroles inutiles, tu seras épouvantablement seul.

ORPHÉE

Je serai seul. J'ai l'habitude.

M. HENRI

Je te mets en garde contre ce mot. Je serai seul. Cela évoque tout de suite une ombre, une fraîcheur, un repos. Quelle erreur grossière! Tu ne seras pas seul, on n'est jamais seul. On est avec soi, c'est autre chose, tu le sais bien... Reprends donc ta vie avec ton père. Il te fera chaque jour ses remarques sur la dureté des temps, sur les menus des prix fixes. Cela t'occupera. Tu seras plus seul que tout seul.

LE PÈRE, *perdu dans son cigare.*

En fait de prix fixe, j'en connais justement un petit à Perpignan, le « Restaurant Bouillon Jeanne-Hachette ». Vous connaissez peut-être? Il est très fréquenté par vos confrères.

M. HENRI

Non.

LE PÈRE

Vous avez là, pour quinze francs soixante-quinze vin compris : hors-d'œuvre (ou homard avec quatre francs de supplément), plat de viande garni (très copieux), légume, fromage, dessert, fruit ou pâtisserie — attendez, attendez —, café et pousse-café, cognac ou, pour les dames, liqueur douce. Tenez, le petit menu du « Jeanne-Hachette » avec un bon cigare, comme ça!... Je regrette presque de l'avoir fumé tout de suite.

> *Sa remarque n'a pas le résultat escompté, il soupire.*

Enfin! Tu viens à Perpignan, fiston, c'est moi qui t'invite?

ORPHÉE

Non, papa.

LE PÈRE

Tu as tort, fiston, tu as tort.

M. HENRI

C'est vrai, Orphée. Tu as tort. Tu devrais écouter ton père. C'est au « Restaurant Bouillon Jeanne-Hachette » que tu oublieras le mieux Eurydice.

LE PÈRE

Oh! je ne dis pas qu'on y fait des orgies. Mais enfin on y mange bien.

M. HENRI

Le seul endroit au monde où le fantôme d'Eurydice n'est pas, c'est au « Restaurant Bouillon

Jeanne-Hachette » à Perpignan. Tu devrais y courir, Orphée.

ORPHÉE

Vous croyez donc que j'ai envie de l'oublier?

M. HENRI *lui tape sur l'épaule.*

Il le faut, mon vieux. Le plus vite possible. Tu as
été un héros pendant un jour. Tu as épuisé en ces
quelques heures ta part de pathétique pour la vie.
C'est fini, maintenant, tu es tranquille. Oublie,
Orphée, oublie jusqu'au nom d'Eurydice. Prends
ton père par le bras, retourne vers ses restaurants.
La vie peut reprendre pour toi son visage rassu-
rant; la mort, son pourcentage habituel de chances;
le désespoir, sa forme supportable. Allons, lève-toi,
suis ton père. Tu as encore une belle carrière de
vivant devant toi.

*Il a dit cela plus âprement, penché sur
Orphée. Celui-ci lève la tête et le regarde.*

LE PÈRE, *après un temps, dans son cigare.*

Tu sais, j'ai aimé, moi aussi, fiston.

M. HENRI

Tu vois, lui aussi, il a aimé. Regarde-le.

LE PÈRE

C'est vrai, regarde-moi. Je sais bien que c'est
triste, j'ai souffert moi aussi. Je ne te parle même
pas de ta mère; quand elle est morte, il y avait beau
temps que nous ne nous aimions plus. J'ai perdu
une femme que j'ai adorée. Une Toulousaine, une
créature de feu. Emportée en huit jours. Les
bronches. Je sanglotais comme une bête en suivant
le convoi. On a dû me faire entrer dans un café.
Regarde-moi.

M. HENRI, *doucement.*

C'est vrai. Regarde-le.

LE PÈRE

Je ne dis pas que quand je vais m'asseoir par hasard au « Grand Comptoir Toulousain », où nous fréquentions ensemble, je n'ai pas un petit serrement de cœur en dépliant ma serviette. Mais baste ! La vie est là. Qu'est-ce que tu veux ? Il faut bien la vivre !

Il tire rêveusement une bouffée de son cigare ; il a un soupir, il murmure.

Ce « Grand Comptoir Toulousain » tout de même... quand j'y allais avec elle, avant la guerre, songe qu'on y mangeait pour un franc soixante-quinze !

M. HENRI, *penché sur Orphée.*

La vie est là. La vie est là, Orphée. Ecoute ton père.

LE PÈRE, *à qui les paroles de M. Henri donnent de l'importance.*

Je vais même être dur, mon petit, et tu vas t'indigner, mais je suis plus endurci que toi et quand tu auras mon âge tu reconnaîtras que j'avais raison. On a mal, d'abord. C'est entendu. Mais bientôt, tu verras, on ressent malgré soi une douceur nouvelle... Un beau matin, moi cela m'a pris un matin, on se lave, on noue sa cravate, il fait soleil, vous voilà dans la rue et, tout d'un coup, pff ! on s'aperçoit que les femmes sont redevenues jolies. Nous sommes terribles, mon cher, tous les mêmes : des coquins.

M. HENRI

Ecoute bien, Orphée...

LE PÈRE

Je ne dis pas qu'on fait le flambard avec la première. Non. On n'est tout de même pas des brutes et aux premiers mots cela fait drôle. C'est même curieux, on ne peut pas faire autrement que de commencer par lui parler de l'autre. On lui dit comme on se trouve seul, désemparé. Et c'est vrai après tout! On est sincère. Ah! tu ne peux pas te figurer, mon cher, comme ce genre de récit peut attendrir les femmes! C'est bien simple, vous allez me dire que je suis un corsaire. Je me servais encore du truc dix ans plus tard.

ORPHÉE

Tais-toi, papa.

M. HENRI

Pourquoi veux-tu le faire taire? Il te parle comme la vie te parlera par toutes les bouches; il te dit ce que tu liras demain dans tous les yeux si tu te lèves et si tu essaies de vivre...

LE PÈRE, *qui est déchaîné maintenant.*

La vie! Mais la vie est magnifique, mon cher...

M. HENRI

Ecoute bien.

LE PÈRE

Tu ne dois tout de même pas oublier que tu es un gamin sans expérience et que l'homme qui te parle en ce moment a vécu et diablement vécu. Nous étions terribles au Conservatoire de Niort! Des lurons! La jeunesse dorée. Toujours la canne à la main et la pipe au bec, en train de faire quelque escapade. Dans ce temps-là je n'avais pas encore songé à la harpe. J'étudiais le basson et le cor anglais. Je faisais tous les soirs sept kilomètres à pied pour aller en jouer sous les fenêtres d'une femme. Ah! nous étions des gaillards, des forcenés, des excentriques. Rien ne nous faisait reculer. Une fois, à la classe des bois, nous avions défié les cuivres. Nous avions parié de boire trente demis. Ah! ce que nous avons pu vomir! Nous étions jeunes, quoi, nous étions gais. Nous avions compris la vie, nous autres!

M. HENRI

Tu vois, Orphée.

LE PÈRE

Quand on a la santé, le muscle, l'étincelle, mais, mon ami, il n'y a qu'à aller tout droit devant soi. Je ne te comprends pas, mon cher. D'abord, la bonne humeur. Et la bonne humeur, c'est une question d'équilibre. Un seul secret : la gymnastique quotidienne. Si je suis dans la forme où vous me voyez, c'est que je n'ai jamais cessé de faire de la gymnastique. Dix minutes tous les matins. On ne te demande pas davantage, mais dix minutes qui comptent.

> *Il se lève et, le reste de son cigare au bec, il commence des mouvements de gymnastique suédoise ridicules.*

Un, deux, trois, quatre; un, deux, trois, quatre; respirez à fond. Une, deux, trois, quatre, cinq. Une, deux, trois, quatre, cinq. Une, deux. Une deux, Une, deux. Une, deux. Une, deux. Avec cela jamais de ventre, jamais de varices. La santé par la gaieté, la gaieté par la santé et vice versa. Une, deux, trois, quatre. Respirez à fond. Une, deux, trois, quatre. Voilà tout mon secret.

M. HENRI

Tu vois, Orphée, c'est pourtant simple!

LE PÈRE, *qui s'est assis, soufflant comme un phoque.*

C'est une question de volonté. Tout dans la vie est une question de volonté. Moi, ce qui m'a permis de sortir des pas les plus difficiles, c'est ma volonté. Volonté de fer! Mais, bien entendu, il y a la manière... J'ai toujours passé pour un homme extrêmement aimable. Du velours, mais dessous de l'acier. Je filais droit. Je ne connaissais pas d'obstacles. Une ambition démesurée. L'or, la puissance. Mais, attention! j'avais une forte préparation technique. Premier prix de basson du Conservatoire de Niort. Deuxième prix de cor anglais, deuxième accessit d'harmonie. Je pouvais aller, j'avais un bagage. Moi, voyez-vous, cher Monsieur, j'aime que la jeunesse soit ambitieuse! Enfin quoi, sacrebleu, cela te déplairait donc tant d'être millionnaire?

M. HENRI

Réponds à ton père, Orphée...

LE PÈRE

Ah! l'argent, l'argent! mais c'est toute la vie, mon cher! Tu as du chagrin, mais tu es jeune. Songe que tu peux devenir riche. Le luxe, l'élégance, la table, les femmes. Songe aux femmes, fiston, songe à l'amour! Les brunes, les blondes, les rousses, les teintes. Quelle diversité, quel choix! Et c'est pour toi. Tu es le sultan, tu te promènes, tu lèves le doigt. Celle-là! Tu es riche, tu es jeune, tu es beau, elle accourt. Et alors ce sont les nuits folles... La passion, les cris, les morsures, les baisers fous, l'ombre chaude, quelque chose d'espagnol. Ou bien sur les divans des boudoirs clos, de cinq à sept, dans les fourrures claires, les jeux d'un feu de bois sur la nudité d'une enfant blonde et perverse, et d'autres jeux souriants et acides. Je n'ai pas besoin de t'en dire davantage, mon cher! Les sensations. Toutes les sensations. Une vie de sensations. Où est ton chagrin? fumée.

> *Il a un geste, il devient grave.*

Mais toute la vie n'est pas là. Il y a la respectabilité, la vie sociale. Tu es fort, puissant, chef d'industrie. Tu as abandonné la musique... Le masque dur, impénétrable... Les conseils d'administration, entre fins renards, où se joue le sort de l'économie européenne. (Mais tu les roules tous.) Et puis la grève, les ouvriers armés, la violence. Tu parais seul devant la porte de l'usine. Un coup de feu part et te rate. Toi, tu ne bronches pas. D'une voix martelée, tu leur parles. Ils attendaient de toi des promesses, une reculade. Ils ne te connaissaient pas. Tu es terrible. Tu les fouailles. Ils baissent la tête, ils reprennent le travail. Vaincus! C'est magnifique... Alors, conseillé par tes meilleurs amis, tu fais de la politique. Honoré, puissant, décoré, sénateur. Toujours debout sur la brèche. Grande figure de grand Français. Des obsèques nationales, des fleurs, énormément de fleurs, les tambours voilés, les discours. Et moi, modeste dans un coin — on a tenu à ce que j'assiste à la cérémonie —, un beau vieillard, eh oui, mon cher, j'aurais blanchi! mais maîtrisant tout de même mon chagrin, au garde-à-vous.

> *Il déclame.*

« Rendons un hommage ému à la douleur d'un père...! »

> *C'est trop beau, il éclate.*

Ah! mon ami, mon ami, mais c'est magnifique la vie!...

M. HENRI

Tu vois, Orphée.

LE PÈRE

Et l'homme qui te parle a souffert! Il a bu tous les calices. Il s'est tu souvent, ses dents mordant sa lèvre jusqu'à ce que le sang jaillisse, pour ne pas crier. Ses compagnons de fête ne se sont pas doutés de la torture qu'il subissait parfois, et pourtant... La trahison, le mépris, l'injustice... Tu t'étonnes quelquefois de ma taille fléchie, de mes cheveux précocement blanchis, enfant? Si tu savais le poids d'une vie sur les épaules d'un homme...

Il tire vainement sur son mégot; il le regarde, vexé, et le jette avec un soupir. M. Henri va à lui et lui tend son étui.

M. HENRI

Un autre cigare?

LE PÈRE

Merci. Je suis confus. Si, si, je suis confus. Quel arôme! La bague est un petit bijou. Dites donc, mon cher, savez-vous que je me suis laissé dire que les gamines qui faisaient cela les roulaient toutes nues sur leur cuisse?

Il le respire.

Sur leur cuisse...

Il s'arrête.

Qu'est-ce que je disais?

M. HENRI

Le poids d'une vie...

LE PÈRE, *qui a perdu son élan lyrique.*

Comment cela, le poids d'une vie?

M. HENRI

Si tu savais le poids d'une vie sur les épaules d'un homme...

LE PÈRE, *qui coupe le bout de son cigare*
avec ses dents.

Ah! c'est juste! si tu savais, gamin, le poids d'une
vie sur les épaules d'un homme...

Il s'arrête, il allume longuement le cigare et il
conclut simplement.

C'est très lourd, fiston, c'est extrêmement lourd.

Il tire une large bouffée avec onction.

Merveilleux!

Il cligne de l'œil à M. Henri.

J'ai l'impression que je lui fume la cuisse.

Il veut rire et s'étrangle avec sa fumée.
M. Henri a été à Orphée.

M. HENRI

Tu as écouté ton père, Orphée? Il faut toujours
écouter son père. Les pères ont toujours raison.

Orphée lève les yeux, le regarde. Il sourit, il
ajoute doucement.

Même les imbéciles, Orphée. La vie est ainsi
faite que les pères imbéciles en savent aussi long,
quelquefois plus long sur elle que les pères intelli-
gents. La vie n'a pas besoin de l'intelligence. C'est
même ce qu'elle peut rencontrer de plus gênant
dans sa marche joyeuse.

ORPHÉE *murmure.*

La vie...

M. HENRI

Ne dis pas de mal d'elle. Tu la défendais hier
soir.

ORPHÉE

C'est si loin hier.

M. HENRI, *doucement*.

Je te l'avais pourtant dit qu'elle te ferait perdre
Eurydice.

ORPHÉE

N'accusez donc pas la vie... « La vie », cela ne
veut rien dire. C'est moi, c'est moi seul.

M. HENRI *sourit*.

Toi seul. Comme tu es orgueilleux.

ORPHÉE

Précisément... c'est mon orgueil.

M. HENRI

Ton orgueil! Vraiment, petit homme? Tu veux
que l'orgueil aussi soit à toi? Ton amour, ton
orgueil, maintenant ton désespoir, sans doute...
Quel besoin de mettre un pronom possessif devant
chacune de vos petites ficelles! Vous êtes extraordinaires. Pourquoi pas mon oxygène, mon azote? Il
faut dire l'Orgueil, l'Amour, le Désespoir. Ce sont
des noms de fleuves, petit homme. Un ruisselet
s'en détache et t'arrose entre mille autres. C'est
tout. Le fleuve Orgueil n'est pas à toi.

ORPHÉE

Le fleuve Jalousie non plus, je le sais. Et la peine
qui me noie vient sans doute du même fleuve Peine
qui noie en ce moment des millions d'autres
hommes. C'est la même eau glacée, le même
courant anonyme, et après? Je ne suis pas de ceux
qui se consolent d'un mal en disant « c'est la vie ».
Qu'est-ce que vous voulez que cela me fasse, à moi,
que ce soit la vie?... Qu'un million de grains de
sable soient broyés en même temps que moi?

M. HENRI

Ce sont tes frères, comme on dit.

ORPHÉE

Je les hais tous, un par un... Alors, qu'on ne vienne pas essayer de me faire après, de la foule, une grande sœur attendrissante. On est seul. On est bien seul. C'est la seule chose sûre.

M. HENRI *s'est penché vers lui.*

Et encore, toi, tu es seul parce que tu as perdu Eurydice. Songe que ce que te réservait la vie, ta chère vie, c'était de te retrouver seul un jour aux côtés d'Eurydice vivante.

ORPHÉE

Non.

M. HENRI

Si. Un jour ou l'autre, dans un an, dans cinq ans, dans dix ans, si tu veux, sans cesser de l'aimer, peut-être, tu te serais aperçu que tu n'avais plus envie d'Eurydice, qu'Eurydice n'avait plus envie de toi.

ORPHÉE

Non.

M. HENRI

Si. Ç'aurait été aussi bête que cela. Tu aurais été le Monsieur qui trompe Eurydice.

ORPHÉE *crie.*

Jamais!

M. HENRI

Pourquoi cries-tu si fort, pour moi ou pour toi?

Mettons, si tu préfères, que tu aurais été le Monsieur qui a envie de tromper Eurydice; ce n'est pas mieux.

ORPHÉE

Je lui serais resté fidèle toujours.

M. HENRI

Peut-être, d'ailleurs, longtemps. Avec des regards qui n'osent pas vers les autres femmes. Et une haine lente et sûre qui se serait mise à grandir entre vous pour toutes les filles que tu n'aurais pas suivies à cause d'elle dans la rue...

ORPHÉE

Ce n'est pas vrai.

M. HENRI

Si. Jusqu'au jour où l'une d'elles serait passée devant toi, jeune et dure, sans trace d'une douleur, sans trace d'une pensée; une femme toute neuve, Orphée, devant ta lassitude. Alors, tu aurais pu voir la mort, la trahison, le mensonge, devenir soudain les mesures les plus simples, l'injustice prendre un autre nom, la fidélité un autre visage...

ORPHÉE

Non. J'aurais fermé les yeux. J'aurais fui.

M. HENRI

La première fois peut-être et tu aurais encore marché quelque temps à côté d'Eurydice avec les yeux d'un homme qui cherche à perdre son chien dans la rue. Mais la centième fois, Orphée!...

Il a un geste.

D'ailleurs, Eurydice t'aurait peut-être abandonné la première...

ORPHÉE, *plaintivement cette fois.*

Non.

M. HENRI

Pourquoi non? Parce qu'elle t'aimait hier? Un petit oiseau capable de s'envoler sans savoir pourquoi, quitte à en mourir, elle aussi.

ORPHÉE

Nous ne pouvions pas cesser de nous aimer.

M. HENRI

Elle n'aurait peut-être pas cessé de t'aimer, la pauvre. Ce n'est pas si facile de cesser d'aimer. La tendresse a la vie dure, tu sais. Elle aurait peut-être eu une façon de se donner à toi avant d'aller retrouver son amant, si humble, si gentille, que tu aurais presque pu être encore un peu heureux. C'est vrai.

ORPHÉE

Non, pas nous, pas nous!

M. HENRI

Vous comme les autres. Vous plus que les autres. Avec votre façon d'être tendres, vous vous seriez déchirés jusqu'au bout.

ORPHÉE

Non.

M. HENRI

Si. Ou bien alors un jour, lassés, souriants, veules vous auriez tout de même décidé tacitement de tuer le pathétique entre vous et d'être enfin heureux et gentils l'un pour l'autre. Et on aurait pu voir un Orphée et une Eurydice complaisants...

ORPHÉE

Non ! Cela aurait duré toujours, jusqu'à ce que je
l'aie vieille et blanche à côté de moi, jusqu'à ce que
je sois vieux près d'elle !

M. HENRI

La vie, ta chère vie, ne t'aurait pas laissé arriver
jusque-là. L'amour d'Orphée et d'Eurydice ne lui
aurait pas échappé.

ORPHÉE

Si.

M. HENRI

Non, petit homme. Vous êtes tous les mêmes.
Vous avez soif d'éternité et dès le premier baiser
vous êtes verts d'épouvante parce que vous sentez
obscurément que cela ne pourra pas durer. Les
serments sont vite épuisés. Alors vous vous bâtissez
des maisons, parce que les pierres, elles, durent ;
vous faites un enfant, comme d'autres les égor-
geaient autrefois, pour rester aimés. Vous misez
allégrement le bonheur de cette petite recrue
innocente dans ce combat douteux sur ce qu'il y a
de plus fragile au monde, sur votre amour
d'homme et de femme... Et cela se dissout, cela
s'effrite, cela se brise tout de même comme pour
ceux qui n'avaient rien juré.

LE PÈRE, *qui dort à moitié.*

Quand je vous dis, moi, que la vie est magnifique...

> *Il se retourne sur son fauteuil ; la main qui
> tient le cigare tombe ; il murmure, béat.*

Sur la cuisse...

> *Orphée et M. Henri l'ont regardé en silence.*

M. HENRI *se rapproche d'Orphée,*
bref, à voix basse.

La vie ne t'aurait pas laissé Eurydice, petit homme. Mais Eurydice peut t'être rendue pour toujours. L'Eurydice de la première fois, éternellement semblable à elle-même...

ORPHÉE *le regarde, et, au bout d'un temps,*
dit en secouant la tête.

Non.

M. HENRI *sourit.*

Pourquoi non, petite tête?

ORPHÉE

Non, je ne veux pas mourir. Je hais la mort.

M. HENRI, *doucement.*

Tu es injuste. Pourquoi hais-tu la mort? La mort est belle. Elle seule donne à l'amour son vrai climat. Tu as écouté ton père te parler de la vie tout à l'heure. C'était grotesque, n'est-ce pas, c'était lamentable? Hé bien, c'était cela... Cette pitrerie, ce mélo absurde, c'est la vie. Cette lourdeur, ces effets de théâtre, c'est bien elle. Va te promener là-dedans avec ta petite Eurydice, tu la retrouveras à la sortie avec des taches de mains plein sa robe, tu te retrouveras, toi, étrangement fourbu. Si tu la retrouves, si tu te retrouves! Je t'offre une Eurydice intacte, une Eurydice au vrai visage que la vie ne t'aurait jamais donnée. La veux-tu?

Le père se met à ronfler terriblement.

Ton père ronfle, Orphée. Regarde-le. Il est laid. Il est pitoyable. Il a vécu. Qui sait? Il n'a peut-être pas été aussi bête qu'il le disait tout à l'heure. Il y a peut-être eu une minute où il est passé à côté de l'amour ou de la beauté. Regarde-le maintenant, cramponné à l'existence, avec sa pauvre carcasse ronflante avachie sur ce fauteuil. Regarde-le bien. Les gens croient que l'usure de la vie sur une face, c'est l'épouvante de la mort. Quelle erreur! L'épouvante, au contraire, c'est de retrouver la fadeur, la mollesse des visages de quinze ans, caricaturées, mais intactes, sous ces barbes, ces lorgnons, ces airs dignes. C'est l'épouvante de la vie. Ces adolescents ridés, toujours ricaneurs, toujours impuissants, toujours veules et de plus en plus sûrs d'eux. Ce sont les hommes... Regarde bien ton jeune père, Orphée, et pense qu'Eurydice t'attend.

ORPHÉE, *soudain après un temps.*

Où?

M. HENRI *va vers lui, souriant.*

Tu veux toujours tout savoir, petit homme... Je t'aime bien. J'ai été désolé que tu aies mal. Mais cela va être fini maintenant. Tu vas voir comme tout va devenir pur, lumineux, limpide... Un monde pour toi, petit Orphée...

ORPHÉE

Qu'est-ce qu'il faut faire?

M. HENRI

Prends ton manteau, la nuit est fraîche. Sors de la ville, par la route qui est devant toi. Quand les maisons s'espaceront tu arriveras sur une hauteur, près d'un petit bois d'oliviers. C'est là.

ORPHÉE

Quoi là?

M. HENRI

Que tu as rendez-vous avec ta mort. A neuf heures. Il est presque l'heure, ne la fais pas attendre.

ORPHÉE

Je reverrai Eurydice ?

M. HENRI

Aussitôt.

ORPHÉE *prend son manteau.*

C'est bien, adieu.

M. HENRI

Au revoir, petit homme.

Le ronflement du père s'accentue jusqu'à devenir une sorte de roulement de tambour continu qui ne cessera pas jusqu'à la fin de la scène. L'éclairage se modifie imperceptiblement. M. Henri est resté en place, immobile, les mains dans les poches ; soudain il dit doucement.

Entre.

La porte s'ouvre lentement, Eurydice entre et reste dans le fond de la pièce.

EURYDICE

Il accepte ?

M. HENRI

Oui, il accepte.

EURYDICE *joint les mains.*

Mon chéri, s'il te plaît, reviens vite.

M. HENRI

Il arrive.

EURYDICE

Il n'aura pas mal, au moins ?

M. HENRI, *doucement.*

Est-ce que tu as eu mal, toi?

LE GARÇON *frappe et entre.*

Monsieur me permet, je vais faire la couverture.

Il ferme les doubles rideaux et commence la couverture. Il passe plusieurs fois devant Eurydice sans la voir. Il regarde le père en souriant.

Monsieur ronfle, il paraît que c'est un signe de bonne santé. Il n'y a que les bons vivants qui ronflent, disait ma mère. J'entendais Monsieur parler, j'avais peur de le déranger.

M. HENRI

Je parlais seul.

LE GARÇON

Moi aussi, cela m'arrive. On se dit parfois des choses extraordinaires que les autres ne vous auraient pas dites. Comment va le jeune homme, Monsieur?

M. HENRI

Bien.

LE GARÇON

Cela a dû être un coup terrible.

M. HENRI

Oui.

LE GARÇON

Croyez-vous qu'il se consolera jamais?

M. HENRI

Oui. Quelle heure avez-vous?

LE GARÇON

Neuf heures moins deux minutes, Monsieur.

Il a fait la couverture en silence. On n'entend que le ronflement du père qui grandit.

M. HENRI *appelle soudain.*

Garçon?

LE GARÇON

Monsieur?

M. HENRI

Faites préparer ma note, je pars ce soir.

LE GARÇON

Monsieur m'avait dit hier...

M. HENRI

J'ai réfléchi, cette fois je pars.

LE GARÇON

Bien, Monsieur. Monsieur en a fini avec Marseille?

M. HENRI

Oui.

Le garçon va sortir.

Quelle heure avez-vous maintenant?

LE GARÇON

Neuf heures juste, Monsieur.

Il sort, laissant la porte grande ouverte.

M. HENRI, *à Eurydice qui est restée immobile.*

Le voilà.

EURYDICE *demande doucement.*

Il pourra me regarder?

M. HENRI

Oui, maintenant, sans crainte de te perdre.

Orphée entre, hésitant sur le seuil, comme ébloui par la lumière; Eurydice court à lui, l'enlace.

EURYDICE

Mon chéri, comme tu as été long!

Neuf heures sonnent au loin. Le père cesse brusquement de ronfler et s'éveille avec des borborygmes.

LE PÈRE, *tirant sur son cigare éteint.*

Tiens, j'ai dormi? Où est Orphée?

M. Henri ne répond pas. Le père regarde autour de lui, il est inquiet.

Il est sorti? Mais enfin, répondez-moi, sacrebleu! Où est Orphée?

M. HENRI, *lui montrant le couple enlacé qu'il ne voit pas.*

Orphée est avec Eurydice, enfin!

LE RIDEAU TOMBE

FIN D'EURYDICE

Roméo et Jeannette

1945

PERSONNAGES

FRÉDÉRIC
JEANNETTE
JULIA
LUCIEN
LE PÈRE
LA MÈRE
LE FACTEUR

PREMIER ACTE

Dans une grande maison sombre et délabrée, une vaste pièce mal meublée, en désordre, ouverte, au fond, sur des couloirs obscurs où l'on devine une cuisine, une amorce d'escalier. Les volets des portes-fenêtres sont tirés. Ils s'entrouvrent. Entrent, avec un peu de lumière, Julia, Frédéric et sa mère, des villageois riches, le dimanche, vêtus de noir.

JULIA

Ils laissent toujours tout ouvert. *(Elle crie.)* Vous êtes là?

> *Pas de réponse. Elle disparaît dans les couloirs sombres au fond. On l'entend crier encore.*

Vous êtes là?

> *La mère et Frédéric sont restés en scène, debout. La mère regarde autour d'elle. Elle laisse tomber :*

LA MÈRE

Ils ne semblent pas nous attendre.

> *Julia est revenue sur ces mots. On sent qu'elle a peur. Elle balbutie :*

JULIA

Ils ont pourtant reçu ma lettre. Je l'ai mise à la poste lundi.

Elle va vivement à la table, enlève un peu du bric-à-brac sordide qui l'encombre.

Ils sont très désordonnés tous les trois.

LA MÈRE

Je vois cela.

Elle regarde encore autour d'elle, soupçon-neuse, toute droite, en noir, appuyée sur son parapluie. Elle demande :

On peut s'asseoir?

JULIA *se précipite.*

Mais oui, mère... *(Elle va à une chaise et l'éprouve.)* Non. Celle-là est cassée. Celle-là aussi. Le tabouret est solide, c'est moi qui l'ai acheté au bazar avant de partir. Il est tout neuf. *(Elle prend le tabouret.)* Non. Il est cassé aussi.

LA MÈRE, *toujours debout.*

Qu'est-ce qu'ils font avec les chaises?

JULIA

Je ne sais pas. Ils montent dessus. Ils les cognent.

LA MÈRE

Pourquoi les cognent-ils?

JULIA *jette un regard désespéré à Frédéric,
elle balbutie.*

Je ne sais pas. Je me le demande.

FRÉDÉRIC *vient au secours de Julia.*

Qu'est-ce que cela peut bien te faire, maman?

LA MÈRE

Rien, mais je voudrais m'asseoir.

Julia et Frédéric regardent autour d'eux.
Julia est affolée. Frédéric va à un fauteuil qui
disparaît sous un monceau de linge.

FRÉDÉRIC

Mais voilà un fauteuil !... *(Il l'essaie, l'apporte.)*
Un fauteuil solide. Assieds-toi, maman.

Sous les regards anxieux de Julia, la mère
s'assoit après avoir vérifié la solidité du fauteuil.
Elle regarde l'heure et laisse tomber :

LA MÈRE

Il est midi moins dix.

JULIA *rougit encore, si c'est possible.*

Oui. Je ne comprends pas.

Elle a été prendre le paquet de linge que
Frédéric avait jeté par terre. Elle tourne avec
lui dans la pièce, sans savoir où le dissimuler,
tout en parlant.

Ils savent bien pourtant que le train est à onze
heures.

FRÉDÉRIC

Ils sont peut-être venus nous chercher à la gare
par un autre chemin.

JULIA

Non. A marée basse, ils prennent toujours par le
sable à travers la baie. Nous les aurions croisés.

LA MÈRE

D'ailleurs, si votre père et votre frère étaient
venus nous chercher à la gare, votre sœur aurait dû
rester à surveiller le déjeuner.

JULIA *qui tourne toujours*
avec son ballot de linge.

Bien sûr. Elle aurait dû. Je ne comprends pas.

LA MÈRE

Il est vrai qu'il n'y avait peut-être pas de
déjeuner à surveiller. Vous avez été à la cuisine?

JULIA

Oui, mère. Il n'y a rien.

Elle a enfin réussi à fourrer le linge dans un
buffet. Elle se colle aux battants, essoufflée
comme une criminelle. La mère n'a rien vu.

FRÉDÉRIC *que la peur de Julia fait sourire,*
pour arranger les choses.

Ils avaient peut-être l'intention de nous emmener
au restaurant.

JULIA *encore plus malheureuse.*

Il n'y a pas de restaurant au hameau. Seulement
une épicerie-buvette.

LA MÈRE

Ainsi, nous allons être obligés de traverser la baie
en sens inverse? *(Un temps. Elle constate.)* Il est
midi moins cinq.

JULIA *bafouille.*

C'est-à-dire... Maintenant que la marée monte,
cela serait dangereux... Il faudrait passer par la
route et c'est plus long.

LA MÈRE

Beaucoup plus long?

JULIA, *après une hésitation.*

Oui. Près du double.

> *La mère ne répond rien à ce dernier coup. Un terrible silence. Elle promène son regard autour d'elle. Julia commence à ranger subrepticement dans son dos; puis, la mère ayant regardé à terre et avec son parapluie ayant touché quelques détritus, Julia éclate en sanglots et se précipite sur un balai après avoir arraché son chapeau et l'avoir jeté n'importe où.*

JULIA

Oh! J'aime mieux balayer!

LA MÈRE

En effet. Il y en a besoin.

FRÉDÉRIC *a pitié de Julia. Il va à sa mère.*

Je vais t'aider, Julia. Et toi, maman, tu vas quitter ton air de juge. Tu vas aller à l'épicerie et acheter des conserves pour le déjeuner.

LA MÈRE, *les yeux au ciel.*

Des conserves, un 15 août!

JULIA *fait un pas.*

Mère, je suis désolée. Je ne comprends pas ce qui se passe. Ne vous dérangez pas. Je vais aller à l'épicerie, moi.

LA MÈRE

Non, Julia, on a davantage besoin de vous, ici. Et puis vous trouverez peut-être une casserole et de l'eau en cherchant bien. Je vais rapporter des nouilles.

FRÉDÉRIC

C'est ça! Et du pâté. Prends aussi du homard

en boîte, des petits-beurre et de la confiture. Nous n'avons pas tous mérité d'être au pain sec.

LA MÈRE, *du seuil.*

Et... J'en prends pour eux?

JULIA *souffre.*

Mais... Je ne sais pas. Je ne vois pas où ils pourraient bien déjeuner.

LA MÈRE

Ils ont dû comprendre que c'était nous qui les invitions à un pique-nique.

FRÉDÉRIC *la pousse gentiment dehors.*

Probablement. Fais vite, maman. Pendant ce temps, nous mettrons le couvert.

Quand elle est sortie, Julia lâche son balai, tombe en pleurant sur une chaise, elle gémit :

JULIA

Je m'en doutais. Je m'en doutais. Ils sont terribles!

FRÉDÉRIC

Tu crois qu'ils ont reçu ta lettre?

JULIA

Certainement.

FRÉDÉRIC

Alors, c'est qu'ils ne veulent pas nous recevoir?

JULIA

Même pas. Ils sont partis chacun de son côté ce matin, en comptant les uns sur les autres.

FRÉDÉRIC

Ta sœur aussi? Les deux hommes l'aident au
ménage habituellement?

JULIA *a un geste navré, dans ses larmes,
montrant le désordre autour d'elle.*

Tu vois. *(Frédéric éclate de rire.)* Oh! ne ris pas!
Ne ris pas. J'ai trop honte.

FRÉDÉRIC

Honte pourquoi?

JULIA

Je ne t'avais pas dit. Je croyais que je pouvais ne
pas le dire. Pourquoi ta mère a-t-elle voulu qu'on
vienne? Comme si on avait besoin de demander ma
main, à moi! Si on n'était pas venu, j'aurais pu ne
pas dire.

FRÉDÉRIC

Ne pas dire quoi, Julia?

JULIA

Toute la honte. Tout.

FRÉDÉRIC, *souriant.*

Ils te font si honte que cela?

JULIA

Depuis que je suis toute petite.

FRÉDÉRIC

Qu'est-ce qu'ils ont donc d'extraordinaire?

JULIA

Tu le verras bien assez tôt. *(Elle éclate soudain
rageusement.)* Ils n'ont pas fait le déjeuner! Ils

n'ont même pas balayé! Ils sont partis chacun de son côté et ils rentreront à n'importe quelle heure, habillés n'importe comment. Et ta mère sera là à ne rien manger!

FRÉDÉRIC

Ne crains rien pour elle. Elle est en train d'acheter l'épicerie.

JULIA

Si du moins je ne les avais pas prévenus. Mais je leur avais dit sur la lettre, je leur avais dit : « Je viens avec mon fiancé et ma future belle-mère, il faut faire un bon déjeuner. » Je leur avais même envoyé de l'argent.

FRÉDÉRIC

Ils ont peut-être l'habitude de déjeuner tard?

JULIA

Il n'y a rien dans la cuisine qu'un peu de lait gâté et un vieux quignon de pain. Ah mon argent! Je sais bien où il est passé, mon argent.

FRÉDÉRIC

Pauvre Julia.

JULIA

Je leur avais écrit en toutes lettres : « Nettoyez la maison, que je n'aie pas honte, ma belle-mère aime l'ordre. » Regarde!

FRÉDÉRIC

Nous allons mettre de l'ordre tous les deux, lève-toi.

JULIA *crie en larmes*.

Non! Je veux me coucher par terre et pleurer!

FRÉDÉRIC

Julia !

JULIA

Je veux qu'ils me trouvent là en rentrant. Dans leurs détritus de huit jours, ma belle-mère et mon fiancé autour de moi. Qu'ils rougissent une fois à leur tour !

FRÉDÉRIC

Lève-toi, Julia.

JULIA

D'ailleurs, ils ne rougiraient même pas, je les connais. Cela leur serait égal. Tout leur est égal. *(Elle s'est dressée.)* Tu vois, tu as voulu les connaître et maintenant tu ne vas plus m'aimer !

FRÉDÉRIC, *riant.*

C'est déjà fait, je ne t'aime plus !

JULIA *s'est jetée dans ses bras.*

Je ne suis pas comme eux, tu sais ! J'étais toute petite, c'était moi qui balayais, qui frottais pendant que ma sœur se regardait dans la glace. C'est moi qui obligeais papa à se raser, à mettre des cols propres. Tu verras, tu verras, qu'il ne sera même pas rasé !

FRÉDÉRIC

On ne sait jamais, c'est le 15 août.

JULIA

Cela lui est bien égal à lui, les fêtes, les dimanches. Pour ce qu'il fait les autres jours. Tout leur est égal à eux. De manger n'importe quoi à n'importe quelle heure, d'être sales. Pourvu que

papa fasse ses parties de cartes avec ses amis à la
buvette et elle, pourvu qu'elle coure les bois ou
qu'elle se chauffe au soleil dans le sable toute la
journée. Tant pis si la maison est en désordre!

FRÉDÉRIC

Et l'hiver?

JULIA

Elle fume des cigarettes, couchée là, sur ce
qu'elle appelle son divan. Elle se fait des chapeaux
ou des robes avec de vieux chiffons comme
lorsqu'elle était petite. Il faut les voir, ses chapeaux,
ses robes!... Ils n'ont jamais un sou et quand ils en
ont un, c'est pour le dépenser tout de suite. Elle les
fait avec de vieux rideaux, ses robes. Et quand elles
sont finies, une tache ou un accroc tout de suite et
tant pis si l'on voit son derrière, ses genoux aux
trous de ses bas!

FRÉDÉRIC

Julia, Julia, tu es donc méchante!

JULIA

Tu détestes tellement tout cela, tu vas tellement
être malheureux!

FRÉDÉRIC, *doucement.*

Mais je n'épouse pas ta sœur.

JULIA

Quelquefois, tu te moques de moi. Tu dis que je
suis une maniaque, une fourmi. Je ramasse vite un
petit morceau de papier. Je me frotte, je me frotte
quand je crois que j'ai une petite tache. C'est qu'il
me semble que j'ai toujours quelque chose à mettre
en ordre. Quelque chose à nettoyer pour eux.

FRÉDÉRIC

Et ton frère, que dit-il?

JULIA

Il n'était pas comme eux, autrefois. Mais depuis qu'il est séparé de sa femme et qu'il habite ici, il s'est mis à leur ressembler. Il lit toute la journée, enfermé dans sa chambre. Lui non plus, je ne l'aime pas maintenant. Avant c'était un garçon comme les autres, il travaillait, il était premier à l'école, il voulait gagner de l'argent. Maintenant, on dirait qu'il est passé de l'autre côté d'une porte, il me regarde en ricanant comme elle. Il refuse tout. Ce n'est pas notre faute si sa femme ne l'aime plus.

FRÉDÉRIC

Et ta maman quand elle vivait?

JULIA *devient comme une écrevisse,*
elle dit soudain.

Maman n'est pas morte. Je t'ai menti : elle est partie avec un dentiste ambulant. Un homme qui arrachait les dents en musique sur une place avec un chapeau haut de forme. *(Un petit silence.)* Voilà. Je t'ai dit cela aussi, maintenant. Déteste-moi.

FRÉDÉRIC *l'a prise dans ses bras.*

Idiote, chère petite idiote!

JULIA

Jamais plus, jamais plus je ne te regarderai en face!

FRÉDÉRIC

Cela va être commode pendant ces cinquante ans qui nous restent à vivre. Car nous en avons pour cinquante ans encore tous les deux avec un peu de chance!

JULIA

Oh! Frédéric! Tu crois que tu m'aimeras malgré eux? Tu crois qu'il ne vaudrait pas mieux partir tout de suite? J'ai si peur.

FRÉDÉRIC *la tient contre lui.*

Peur de quoi? Je suis là.

JULIA

Je ne sais pas. Peur que tu sois là justement. Tu es si clair, toi. Tu es si loin d'eux. Tu es si pur. Et si tu allais croire que je leur ressemble?

FRÉDÉRIC *la serre un peu plus.*

Je la connais, ma fourmi.

JULIA

Elle va mourir de honte.

FRÉDÉRIC

Non. On ne meurt pas de honte.

JULIA

Tu dis cela et tu dis aussi qu'on ne meurt pas d'amour. De quoi meurt-on alors?

FRÉDÉRIC

Je me le demande.

Il l'embrasse. Lucien est apparu sur le seuil, descendant du premier, le col défait, un livre à la main. Il les regarde s'embrasser sans un mot. Soudain Julia le voit et se détache de Frédéric.

JULIA

Comment? Tu étais là?

LUCIEN

Je suis toujours là quand on s'embrasse, c'est un

fait exprès. Depuis que j'ai été cocu, je ne peux pas
faire un pas sans rencontrer l'amour... Et j'ai
horreur des gens qui s'embrassent, naturellement!
Et j'en vois partout. D'ailleurs, continuez donc. Ne
vous gênez pas pour moi. Je mens. Au fond, cela
me fait plaisir. Un sombre plaisir. Je me dis:
« Tiens! Encore deux qui n'en ont pas pour
longtemps! »

JULIA

C'est comme cela que tu dis bonjour? Je t'amène
mon fiancé, tu ne le connais pas et c'est comme cela
que tu lui dis bonjour?

LUCIEN, *glacial*.

Bonjour, Monsieur.

FRÉDÉRIC *lui tend la main*.

Bonjour.

LUCIEN *constate*.

Il est poli, lui. Il tend la main. Il fait risette.

FRÉDÉRIC

J'ai l'habitude. Au régiment j'ai connu un type
dans votre genre.

LUCIEN

Un cocu?

FRÉDÉRIC

Non. Un amer.

LUCIEN

Et à force de sourires et de poignées de main
bien franches, vous l'avez finalement adouci, cet
amer?

FRÉDÉRIC

Non. Mais je m'y suis fait. Et nous sommes devenus les meilleurs amis du monde.

JULIA

Tu m'as entendu appeler tout à l'heure?

LUCIEN

Oui.

JULIA

Et naturellement tu n'as pas bougé?

LUCIEN

Erreur! J'ai bougé quand je n'ai plus rien entendu, espérant que vous seriez repartis, découragés. J'ai bougé aussi parce que j'avais faim. Tu crois qu'on va déjeuner, toi?

JULIA

Déjeuner! Oui. Parlons-en du déjeuner. Où sont les autres?

LUCIEN *a un geste.*

On ne sait jamais où sont les autres... On sait à peine où l'on est soi-même, ici-bas. N'est-ce pas, cher Monsieur, vous qui avez l'air d'avoir de l'instruction, comme on dit? Vous me plaisez beaucoup. Franc, loyal, honnête, limpide, allant de l'avant, taratata, taratata, un vrai pioupiou! Vous ferez un excellent cocu!

JULIA *crie.*

Lucien!

LUCIEN

Un cocu gai. Les meilleurs. Moi je suis un cocu triste.

JULIA *a été à lui, le secoue.*

Lucien! Tu te crois drôle et tu es odieux. Tu te crois original et tu es banal, tout ce qu'il y a de plus banal. Le petit voyou le plus quelconque, le plus veule que j'aie jamais vu.

LUCIEN

Je ne suis pas un petit voyou, je suis un cocu douloureux.

JULIA *lui a pris le bras.*

Eh bien, douloureux ou non, je te jure, moi, que tu vas te taire!

LUCIEN

On n'a plus le droit d'être malheureux, maintenant? C'est le bonheur obligatoire? C'est gai!

JULIA

Tu oublies que c'est moi qui t'ai mouché le nez, qui t'ai lavé tes pieds sales et donné ta cuillère quand tu étais grand comme ça. Je te connais. Tu es un sale petit morveux, mais tu n'es pas aussi méchant que tu veux en avoir l'air. Alors, écoute-moi. Ce n'est pas parce que tu as souffert, toi, ce n'est pas parce que Denise t'a quitté et que tu es malheureux, que tu dois m'empêcher d'essayer d'être heureuse. Je suis venue ici avec mon fiancé et sa mère pour vous dire que j'allais me marier. Frédéric vaut mieux que toi et que moi et il comprend tout. Mais il y a sa maman qui, elle, ne pourra sûrement pas te comprendre. Même si on lui explique que tu as vraiment mal. Elle est d'une race où on a mal plus discrètement. Ainsi tâche d'être propre tout à l'heure, d'être peigné et de te tenir convenablement. *(Elle lui dit, soudain pitoyable.)* Je t'en supplie, Lucien! Je te supplie de ne pas m'abîmer mon bonheur!

LUCIEN, *doucement*.

Moi, quand on me demande quelque chose gentiment, je ne sais pas le refuser. Je vais me mettre en habit. *(Du seuil, il dit gentiment à Frédéric.)* Vous avez de la chance, vous. Elle est brave, celle-là. Ennuyeuse, mais brave. *(Il est sorti.)*

FRÉDÉRIC

Le pauvre! Il a dû souffrir beaucoup.

JULIA

Il est odieux!

FRÉDÉRIC

Il est gentil.

JULIA

Oh! toi, le Turc! Tu es toujours plus fort que tout le monde. Tout te fait rire, tu excuses tout. Moi j'aurais mieux aimé avoir un frère bien élevé.

> *Entrent la mère de Frédéric et le père, les bras chargés de boîtes de conserves. Le père a un geste théâtral.*

LE PÈRE

Coup de théâtre : ... Nous nous sommes rencontrés à l'épicerie. Je vidais un canon avec Prosper. Prosper me dit : « Regarde qui entre. » Moi je vois la robe de soie, le parapluie; j'ai un pressentiment. Je me lève : « Belle-maman, ravi de vous être présenté! » Façon de parler, je me présentais moi-même. Toute la buvette ouvrait des yeux comme des soucoupes. *(A Julia.)* J'ai dû lui laisser payer les conserves, je n'avais pas un sou sur moi. Tu seras gentille de rembourser, fifille. Si, si, c'est moi qui invite! Cher Monsieur, je suis enchanté.

JULIA

Papa est très bavard.

LA MÈRE, *qui pose ses boîtes.*

J'ai vu ça.

LE PÈRE

Mais quoi! La table n'est pas mise? Le vin n'est pas à rafraîchir? Rien n'est prêt? Qu'est-ce à dire?

JULIA

J'allais te le demander, papa.

LE PÈRE

Me le demander? Me le demander, à moi? *(Il crie, terrible.)* Où est Jeannette?

JULIA

J'allais te le demander aussi.

LE PÈRE

C'est effarant! *(Il se retourne vers la mère qu'il fait asseoir d'un geste arrondi sur le canapé et d'une tout autre voix :)* Sans indiscrétion? combien avez-vous fait d'enfants, chère Madame?

LA MÈRE

Onze, dont huit vivants.

LE PÈRE *a un geste.*

Dont huit vivants! Ne parlons pas des autres. Cela vous en fait tout de même sept de rechange. Vous devez pouvoir vous y retrouver. Moi qui n'en ai fait que trois, je n'arrive jamais à en avoir un sous la main. *(Il crie, terrible :)* Où est Lucien?

JULIA

Dans sa chambre.

LE PÈRE

Vous voyez. Et là je suis obligé de m'arrêter. Je
suis pris de court. Il n'y en a plus. Je ne peux plus
appeler personne. Vous, vous pouvez continuer,
c'est votre force. Moi, je suis seul. C'est triste pour
un vieillard! Heureusement que j'ai celle-là. C'est
mon bâton de vieillesse. Quoique, maintenant, si
elle se marie avec votre fils, ce sera le vôtre. Cela
vous en fera neuf. Neuf bâtons! Alors, tu t'occupes
de tout? Tu vas nous faire un bon déjeuner, fifille?

JULIA, *sévère.*

Tu as du vin?

LE PÈRE, *modeste.*

Hum!... Je vais te dire... J'ai de quoi le rafraîchir.
Je ne sais pas où j'avais la tête... D'ailleurs, j'avais
les mains prises...

FRÉDÉRIC, *riant.*

Ne vous inquiétez pas, je vais en chercher. Du
courage, Julia!

Il sort.

LE PÈRE, *le regardant sortir.*

Il est charmant ce garçon, mes compliments! *(Il
s'étale sur le divan.)* Alors, fillette, tu es contente de
revoir ton vieux papa?

JULIA, *qui emporte les conserves à la cuisine.*

J'aurais surtout été contente de trouver la table
mise et la maison propre.

LE PÈRE *cligne de l'œil à la mère.*

Elle dit cela, mais il ne faut pas la croire, elle
n'en pense pas un mot. Elle est ravie. C'est un cœur
d'or. *(Il ramasse quelque chose par terre qu'il pousse*

sous le canapé.) D'ailleurs, elle n'est pas si sale cette maison. Quelques papiers! La poussière, n'en parlons pas, il n'y a rien à faire, cela revient tous les jours. Un vieux chiffon... Ce qui vous paraît du désordre, ce n'est pas à proprement parler du désordre. C'est du flou. Moi, je suis un vieil artiste. J'ai besoin d'un certain flou autour de moi.

LA MÈRE *se lève.*

Je vais mettre le couvert.

LE PÈRE

C'est une idée! Je vais vous aider. Cela me rajeunira. Quand j'avais vingt ans, je le mettais toujours pour lutiner la bonne.

LA MÈRE

Où sont les assiettes?

LE PÈRE

Je ne sais pas. Un peu partout.

LA MÈRE

Comment, vous ne savez pas? Qu'est-ce que vous faites, quand vous voulez manger?

LE PÈRE

Je les cherche! Tenez, en voilà trois. Mais elles sont sales. Bah! Ce n'est pas une affaire, du fromage. En enlevant les croûtes.

La mère lui arrache les assiettes des mains et va vers la cuisine en lui criant :

LA MÈRE

Trouvez-m'en d'autres!

LE PÈRE

Je vais faire mon possible, belle-maman. *(Seul il*

cherche un instant, puis se décourage tout de suite et s'étend sur le canapé, tire un cigare de sa poche, en croque le bout en grommelant.) Trouvez-m'en d'autres... trouvez-m'en d'autres! Pas commode, un vrai dragon. Quel dommage! Une si jolie femme...

> *La mère rentre et le trouve là. Elle essaie de le foudroyer du regard, mais il résiste, stoïque. Il continue béatement à fumer, alors elle empoigne un balai et commence à balayer autour de lui.*

LE PÈRE, *au bout d'un moment.*

Vous savez, moi, je suis un optimiste. J'ai pour principe que tout s'arrange toujours.

LA MÈRE, *aigre.*

Oui. Quand les autres s'en chargent!

LE PÈRE

En fait, oui. Mais j'ai remarqué que les autres s'en chargeaient assez volontiers. C'est extraordinaire le nombre de gens décidés à agir coûte que coûte qu'il peut y avoir sur cette planète. Si nous n'étions pas quelques philosophes à nous tenir tranquilles, on se bousculerait. Ce serait trop petit.

LA MÈRE *s'arrête soudain.*

J'ai quatre fermes là-bas, sans compter la maison de ville et le petit est reçu notaire, il aura son étude un jour. Vous vous demandez peut-être pourquoi je le donne à Julia qui n'a rien?

LE PÈRE

Moi? Je ne me demande rien. Je suis ravi.

LA MÈRE

Julia est une bonne fille, travailleuse, honnête, économe.

LE PÈRE

Mon portrait.

LA MÈRE

Sa tante est mon amie depuis cinquante ans. Elle m'a dit qu'elle lui laisserait tout en s'en allant.

LE PÈRE

Pauvre Irma! Comment va-t-elle?

LA MÈRE

Elle va bien. Je sais que vous, vous n'avez pas un sou à lui donner.

LE PÈRE *sursaute.*

A Irma?

LA MÈRE

Non. A votre fille.

LE PÈRE, *catégorique.*

Moi, Madame, je suis pour les mariages d'amour! Ils tournent toujours mal, d'ailleurs, mais en attendant qu'ils tournent c'est tout de même plus drôle que les autres. Quelques années, voire quelques mois de bon c'est toujours cela de pris. Et moi je trouve qu'il faut être heureux quoi qu'il arrive. Pas vous?

LA MÈRE

Il faut être travailleur d'abord. Et sérieux.

LE PÈRE

Et vous ne trouvez pas que c'est sérieux, vous, le bonheur? Vous ne trouvez pas que c'est tout un travail? Mais foutre, Madame! moi je trouve que ce sont les gens qui sont des têtes de linottes de ne pa

penser qu'à cela jour et nuit. Et de se contenter
d'un pourboire, d'une risette, d'un rien. Mais on
n'est jamais assez heureux, sacrebleu! Qu'est-ce
que vous me racontez? Il faut être d'une exigence
féroce. *(A Julia qui rentre avec des assiettes, des
verres, une nappe.)* N'est-ce pas, fifille?

JULIA

Qu'est-ce qu'il y a encore?

LE PÈRE, *vexé.*

Pourquoi « encore »? Je disais à ta belle-mère
qu'on n'est jamais assez heureux. Tu as l'intention
d'être heureuse, toi, j'espère?

JULIA

Oui, papa. Et je voudrais bien que vous m'y
aidiez, tous.

LE PÈRE

Compte sur moi, fifille! J'ai l'air d'un farceur,
mais j'ai le cœur sur la main. C'est ce que ta belle-
maman ne sait pas.

> *Entre Lucien, il est en habit trop grand pour
> lui.*

LA MÈRE

Qui est-ce, celui-là?

LE PÈRE *s'incline*

C'est mon fils, Madame.

LA MÈRE

Il est garçon de café?

LE PÈRE

Comment? Il est licencié en droit. Tiens, au fait,
où as-tu trouvé cet habit?

LUCIEN, *sans rire.*

C'est le tien. Je l'ai mis pour faire honneur à
Madame.

LA MÈRE, *sur ses gardes.*

Vous êtes bien aimable, Monsieur.

LUCIEN *s'incline respectueusement.*

Madame, mes hommages! *(A Julia qui le regarde,
un peu inquiète.)* Suis-je assez régence avec la queue-
de-pie de papa?

LA MÈRE, *à Julia.*

Il a l'air poli, celui-là.

JULIA

Oui. Il a l'air.

LUCIEN

Tu vois, je ne le lui fais pas dire!

LA MÈRE

C'est celui-là qui est marié? Où est sa femme?

LUCIEN

En voyage de noces.

JULIA *crie.*

Lucien!

LUCIEN

Non, je plaisantais. Elle est à Lourdes. Elle fait
un pèlerinage. Pour avoir un bébé.

*La mère le regarde, se demandant si c'est
sérieux. Julia l'entraîne vite.*

JULIA

Mère, vous voulez m'aider? J'aurais besoin de vos conseils à la cuisine. Mettez le couvert tous les deux!

LUCIEN, *au père, quand elles sont sorties.*

Je lui ai fait grande impression. On a beau dire, la toilette...

LE PÈRE

Boh! c'est une femme qui a du répondant, mais elle me paraît assez bornée. Toutefois, il faut être juste, elle a encore un fort joli corsage. J'ai un faible pour ces créatures-là, moi!

LUCIEN

Tu divagues, elle a cent ans!

LE PÈRE

Tu n'as aucune imagination! Moi je la vois vers 1912 avec un grand chapeau à plumes... Cristi! Enfin n'en parlons plus, il est trop tard.

JULIA *rentre et va à eux.*

Ecoutez-moi, tous les deux. Nous n'aurons peut-être qu'une minute à être seuls. Ne parlons plus du déjeuner absent, de la maison sale.

LE PÈRE

J'en étais navré le premier! Tu l'as vu d'ailleurs.

JULIA

J'en dirai deux mots à Jeannette quand elle rentrera. Si elle rentre. L'argent est tout de même dépensé?

LE PÈRE *a un geste tragique.*

Il a fallu payer le laitier Cette maison est un

gouffre! Le laitier payé, il restait treize francs. J'ai voulu m'acheter une cravate à système pour être convenable aujourd'hui... Je n'avais plus rien à me mettre. Je dis : j'ai voulu, parce qu'il est déjà cassé. Ça ne vaut rien ces trucs-là. Parlez-moi du Montevideo que j'utilisais avant la guerre. Un simple déclic et vous étiez propre. Enfin!... J'en ai rafistolé un vieux avec de la ficelle. Ça ne se voit pas trop?

JULIA

Non. Mais tu aurais pu changer de col!

LE PÈRE

Mon col? C'est du celluloïd. Tu tombes mal! C'est breveté! Ça ne se change jamais.

JULIA

Oui, mais ça se lave. Et les pellicules, ça se brosse, et les ongles, ça se nettoie et le premier bouton ça ne se boutonne pas avec la seconde boutonnière.

LE PÈRE

Boh! Boh! Boh! Tu t'attaches à des détails. Il faut voir l'ensemble.

JULIA

Tu ne t'es pas rasé, naturellement, ce matin?

LE PÈRE, *ingénu.*

Non. D'ailleurs à quoi vois-tu ça?

JULIA *qui achève de le boutonner.*

Ne passe pas tout le déjeuner à gémir que tu n'as pas un sou.

LE PÈRE

Pour qui me prends-tu? J'ai eu des revers, mais

je suis beau joueur. Je veux l'écraser sous le faste au
contraire, cette femme-là. Sors toute l'argenterie,
fifille!

LUCIEN, *dans son coin.*

Elle est au clou depuis 1913.

LE PÈRE *fait face, superbe.*

Je peux la dégager quand je veux! J'ai toutes les
reconnaissances.

LUCIEN

On pourrait peut-être les mettre sur la table.

LE PÈRE

En tous cas, si nous devons momentanément
renoncer au faste, beaucoup de dignité, de noblesse.
La simplicité patriarcale. Nous la recevons dans la
vieille maison familiale que les malheurs n'ont pas
épargnée, mais qui est toujours là, bien solide sur
ses vieilles fondations...

LUCIEN

A propos. Il pleut dans toutes les chambres et le
plombier veut un acompte pour commencer les
réparations. Tu ne peux rien faire pour nous?

JULIA

Toujours moi! Toujours moi! Vous me dégoû-
tez.

LE PÈRE

Est-ce notre faute si la toiture s'abîme? C'est le
plombier qui devrait te dégoûter. Un acompte! Un
gamin que j'ai vu grand comme ça.

LUCIEN

C'est justement. Il te connaît.

LE PÈRE *tonne.*

Il ne me connaît pas encore! J'irai chez un concurrent!

LUCIEN

Il n'y en a pas.

LE PÈRE

Taratata! Je m'adresserai à Paris. Il ne faut pas me pousser à bout! (*Il allume un autre cigare, s'étend sur le divan, soudain calmé.*) Alors ce déjeuner, il se prépare?

JULIA

Je vous ai envoyé tout ce que j'ai pu. Maintenant il faut que je songe à mon mariage, à mon trousseau.

LE PÈRE

Tu as raison. Fais les choses largement. Je ne veux pas qu'il soit dit que nous ne t'avons rien donné. Tu gagnes bien ta vie dans l'enseignement? Tu as des leçons particulières? J'ai rencontré l'inspecteur d'Académie à un enterrement; il m'a dit que tu étais très bien notée.

JULIA

Je ferai de mon mieux, crois-le bien. Mais ce que je voulais vous dire c'est que, maintenant que je me marie, il ne faudra plus compter sur moi.

LE PÈRE

Cela va de soi! Crois même qu'en d'autres temps je t'aurais fait une dot princière.

JULIA, *à Lucien.*

Qu'as-tu décidé, toi?

LUCIEN

J'attends une réponse de la Côte d'Ivoire.

JULIA

Et si la Côte d'Ivoire ne te répond jamais? Il me semble qu'avec tes diplômes tu pourrais trouver du travail autre part qu'en Afrique?

LUCIEN *ricane*.

Travailler ici sous ce ciel de cocus, dans un bureau de cocus qui me parleront toute la journée de l'amour? Jamais. En pleine brousse avec des nègres bien bêtes, bien noirs, des nègres avec des têtes comme des cailloux et aucune idée, mais vraiment aucune idée, sur l'amour. Et pas un Blanc à quatre cents kilomètres, je l'ai exigé! S'ils me répondent, alors, oui, tout de suite, sans même vous dire au revoir. J'ai un petit sac tout prêt au portemanteau pour ne pas perdre une minute. Dès que j'ai la lettre, mon chapeau, mon barda, et adieu! Et ne vous donnez pas trop de mal pour la correspondance. Je ne l'ouvrirai même pas.

LE PÈRE, *calme*.

Les enfants sont tous des ingrats! *(Il ajoute.)* D'ailleurs, moi je n'écris jamais.

JULIA

Ce que j'envoyais n'a pas pu suffire. De quoi avez-vous vécu cet hiver?

LUCIEN

De conserves.

JULIA

Répondez-moi, de quoi avez-vous vécu?

LE PÈRE, *excédé*.

Mais je ne sais pas, moi! Jeannette s'est débrouil-
lée.

JULIA

Elle travaille? Qu'est-ce qu'elle fait?

LE PÈRE *a un geste vague*.

Tu sais comme elle est, on ne la voit jamais.

JULIA

Vous devez savoir par expérience que l'argent ne
pousse pas dans ce sable. Elle a été en ville? Elle a
trouvé un emploi?

LE PÈRE

Non, non. Elle est restée là.

JULIA

Mais, enfin, je ne comprends pas. Elle vous a
avancé beaucoup.

LE PÈRE *a encore un geste*.

Oh! Moi tu sais, l'argent...

JULIA

Lucien, toi tu sais quelque chose. Parle donc!

LUCIEN

C'est bien simple. J'ai la conviction, ma chère,
que nous avons vécu tous cet hiver des générosités
de Monsieur Azarias.

JULIA

L'Azarias du petit château?

LUCIEN

Oui. La tendre enfant file à la nuit tombante et

ne revient qu'à l'aube. Et j'ai bien l'impression
qu'elle prend cette direction à travers bois. Toutes
les mêmes! Toutes les mêmes! Moi, je suis ravi.

JULIA *éclate.*

Oh! j'ai honte! J'ai honte!... Et vous n'avez rien
dit? Vous n'avez même pas pu m'écrire pour que je
tente quelque chose? Il ne manquait plus que cela
maintenant. La veille de mon mariage! Et tout le
monde va le savoir!

LUCIEN *ricane.*

N'emploie pas le futur. Tout le monde le sait.

JULIA

Et voilà tout ce que tu trouves à dire? Ta sœur a
un amant, un amant qui la paie, elle va le retrouver
toutes les nuits et tu ricanes, et tu es ravi parce que
tout le monde le sait?

LE PÈRE, *qui fume sur le divan,*
a un geste très noble.

Je vous demande pardon. Moi, je ne le sais pas!

A ce moment Frédéric entre avec les bou-
teilles. Julia va à lui en criant comme pour lui
demander secours.

JULIA

Frédéric! Frédéric!

FRÉDÉRIC

Qu'est-ce qu'il y a?

JULIA

Repartons tout de suite.

FRÉDÉRIC

Pourquoi?

JULIA

Appelle ta mère dans la cuisine, dis-lui que tu es malade, dis-lui qu'il faut rentrer, dis-lui n'importe quoi mais allons-nous-en.

FRÉDÉRIC, *aux autres.*

Vous vous êtes disputés?

LUCIEN

Nous? Pas le moins du monde.

LE PÈRE

Laissez donc. Cette enfant est un paquet de nerfs!

JULIA, *cachée contre lui.*

Frédéric, toi tu es fort. Tu vas dans la vie comme un Turc, en riant, en trouvant que tout est bien, que tout est facile. Frédéric, toi tu es clair, tu ne sais rien. Tu as, depuis que tu es tout petit, ta maman qui gronde et nettoie dans sa maison propre. Tu ne peux pas savoir... Je serai comme elle, Frédéric, je serai comme elle, je te le jure. Je te ferai un bonheur tout pareil à ton bonheur de petit garçon. Et tu trouveras toujours, en rentrant, tous les objets, tous les sentiments à leur place.

FRÉDÉRIC *la berce.*

Oui, Julia.

JULIA

Et quand nous aurons un enfant, il aura une vraie maman, comme toi, une maman en tablier avec des tartines et des gifles et des histoires et des jours comme un tic tac d'horloge tous pareils... Et il n'y a rien d'autre, moi je le sais, que du désordre, des sales mots et des soirs froids dans des maisons vides, et de la honte.

FRÉDÉRIC, *doucement*.

Oui, Julia!

LE PÈRE

Charmants enfants!... Ah! l'amour! l'amour...
J'étais tout pareil, inquiet, nerveux, soupçonneux,
irritable... Je ne me croyais jamais assez aimé... Et
pourtant, Dieu sait! *(Il a un geste. Il crie à Julia.)*
Il t'adore, petite, il t'adore! Ne pleure donc pas,
cela saute aux yeux.

JULIA, *contre Frédéric, plus près encore*.

Allons-nous en, Frédéric, j'ai peur.

FRÉDÉRIC *sourit*.

Peur de quoi? Tu es avec le Turc. Tu ne dois
avoir peur de rien. Allons. Essuie tes yeux, sois
raisonnable, souris.

JULIA *essaie de sourire*.

Je ne peux pas, j'ai trop peur.

> *Entre la mère. Elle a gardé son chapeau, elle
> a mis un tablier par-dessus sa robe de soie, elle
> tient un poulet qu'elle est en train de plumer.*

LA MÈRE

Julia! Nous réussirons peut-être tout de même à
faire un déjeuner convenable. J'ai trouvé un poulet
dans le jardin, je l'ai saigné.

> *Un instant de stupeur chez le père et Lucien.
> Lucien glapit soudain, se dressant :*

LUCIEN

Léon! Elle a tué Léon!

LA MÈRE *regarde son poulet*.

Léon? Qui ça, Léon?

LE PÈRE *s'est dressé aussi, épouvanté.*

Saperlipopette! Ça va nous faire toute une histoire...

LUCIEN *crie comme un fou.*

Léon assassiné! Léon occis par la belle-famille! L'instant est prodigieux! La minute est unique!

LA MÈRE

Mais enfin un poulet, c'est un poulet! Demain je vous en enverrai une paire et des plus gros.

LUCIEN

Elle dit qu'un poulet c'est un poulet! Elle dit que Léon n'est qu'un poulet!... Elle ne se rend absolument pas compte de ce qu'elle vient de faire!

JULIA

Je t'assure, Lucien, que tes plaisanteries ne font rire personne.

LUCIEN

Il ne s'agit pas de rire! Personne n'a envie de rire ici! Regarde papa.

LE PÈRE *qui semble avoir perdu le sien.*

Du sang-froid! Beaucoup de sang-froid. Est-ce qu'on ne peut pas le ranimer? Lui faire la respiration artificielle?

LUCIEN

Trop tard, il saigne! Je vois le sang de Léon couler! Léon périt entre des mains indignes. Et nous sommes là comme le chœur antique, impuissants, livides, muets...

LA MÈRE

Faites-le donc taire, le fou, on ne s'entend plus!

LUCIEN *clame, debout sur le canapé,*
toujours en habit.

Trop tard, Madame, trop tard! Les nuées
s'amoncellent sur nous. Ecoutez. J'entends la bar-
rière qui grince, les aiguilles de pin gémir sous des
pas. Le destin va crever dans une minute sur cette
maison! Il va crever, mes enfants, je vous dis que
quelque chose me le dit, il va certainement crever!

Jeannette est apparue au fond, elle s'arrête,
voyant tout de suite le poulet dans les mains de
la belle-mère. Tout le monde la regarde et elle ne
regarde que le poulet. On entend Lucien qui
murmure dans le silence :

LUCIEN

Ça y est. Il crève...

Jeannette regarde la belle-mère, soudain elle
se met en marche vers elle. Le père lance d'une
voix étranglée.

LE PÈRE

Fillette, sois polie!

Jeannette a arraché le poulet des mains de la
belle-mère. Elle le tient contre elle, les dents
serrées, terrible. Elle dit comme dans un songe,
d'une voix qu'on entend à peine.

JEANNETTE

Qui est-ce, celle-là? Qu'est-ce qu'elle fait ici avec
son tablier sur le ventre, ses mains pleines de sang?

LE PÈRE

Je vais tout t'expliquer, fillette; c'est un terrible
malentendu.

JEANNETTE

Qui est-ce, celle-là, tout en noir, avec son front

bas, ses gros yeux, son air comme il faut? Qui l'a amenée ici avec son chapeau de veuve, ses boucles d'oreilles, ses alliances à ses mains d'étrangleuse?

JULIA *s'avance.*

Jeannette, je te défends! C'est la mère de mon fiancé.

JEANNETTE, *sans cesser de regarder la mère.*

Ah! c'est la mère de ton fiancé? Ah! tu me défends? Lui as-tu défendu de toucher à mon coq tout à l'heure?

JULIA *crie.*

Il n'y avait rien pour déjeuner ici, à qui la faute?

JEANNETTE *lui crie sans la regarder.*

Il y avait des boîtes de petits pois, des sardines chez l'épicier! J'avais dit à papa d'en acheter.

LE PÈRE *joue l'étonnement.*

A moi? Tu me l'avais dit à moi? Avec quel argent?

JEANNETTE *continue sans l'entendre.*

Seulement il fallait qu'elle mange bien, ta belle-mère, pour faire honneur à la famille? Il fallait qu'elle soit béate au café, qu'elle puisse roter poliment dans son corset. C'est cela, l'hospitalité. Alors elle a couru après lui, avec son couteau et vous l'avez laissée faire. *(Elle se retourne vers le père comme une furie.)* Tu l'as laissée faire, toi!... Tu es tellement lâche. Je te vois d'ici faisant des ronds de jambe : « Mais comment donc, Madame, mais comment donc! » Et il te connaissait, il venait se percher sur ton épaule, manger dans ta main!

LE PÈRE

J'étais là sur le divan. Je n'entendais rien. Je fumais...

JEANNETTE *qui serre son poulet contre elle.*

Je vous souhaite de crever, tous, comme il a crevé, lardés un soir dans votre lit. D'avoir peur comme il a eu peur!

JULIA

Jeannette, c'est assez de bêtises. Tais-toi maintenant!

LE PÈRE, *à la mère.*

Excusez-la. C'est une enfant. Elle a un fond excellent. Il ne s'agit que de faire connaissance.

LA MÈRE

Connaissance? Merci. Elle est faite! *(Elle défait son tablier.)* Ma petite Julia, je finis par croire que vous aviez raison. Nous aurions pu nous dispenser de venir la voir, votre famille. Frédéric, viens. Nous partons.

> *Elle s'en va vers la cuisine. Le père court après elle en criant.*

LE PÈRE

Et le déjeuner? Du calme, belle-maman, du calme... On allait enfin se mettre à table!

LA MÈRE, *sortant.*

Merci! Nous dînerons en rentrant. Chez nous on peut tuer les poulets.

> *Le père la voit partir avec un geste de désespoir.*

> JULIA *à Jeannette avant de la suivre.*

Je te déteste, toi.

LE PÈRE *à Jeannette, hors de lui.*

Un poulet! Après tout ce n'était qu'un poulet comme les autres, sacrée folle! Ce n'est pas une raison parce que tu l'avais appelé Léon. Il était charmant, c'est entendu, il était charmant, mais nous sommes tous charmants et cela ne nous empêchera pas de crever un jour!

Il est sorti aussi. Il ne reste que Jeannette qui tient toujours son poulet contre elle, immobile, Lucien toujours debout sur le canapé et Frédéric qui n'a pas cessé de regarder Jeannette depuis qu'elle est entrée. Un silence après tout ce bruit. Frédéric dit soudain doucement sans bouger.

FRÉDÉRIC

Je vous demande pardon. *(Jeannette le regarde, il sourit un peu.)* Mais votre père a raison, nous sommes tous mortels. Il aurait peut-être pu se faire écraser.

JEANNETTE

Ecrasé ce n'est pas pareil. Je suis sûre qu'il a eu peur, je suis sûre qu'il a vu le couteau et qu'il a compris. Il était tellement intelligent.

FRÉDÉRIC, *sans rire.*

Il n'a peut-être pas eu le temps de comprendre exactement ce qu'elle lui voulait.

JEANNETTE, *sombre.*

Si. Je suis sûre qu'il s'est vu mourir. Comme si c'était sa faute si le déjeuner n'était pas prêt. Il ne pensait qu'à courir dans l'herbe, à chercher des petits vers, bien tranquillement, à avoir peur du vent qui fait bouger les ombres. Ah! leur ventre, leur sale ventre, comme ils y pensent. *(Elle regard*

Frédéric, recule un peu.) Mais qui êtes-vous? Je ne vous connais pas, vous non plus.

FRÉDÉRIC

Je suis le fiancé de Julia.

JEANNETTE *le regarde, méfiante.*

Ah! Alors vous êtes le fils de l'autre?

FRÉDÉRIC *sourit.*

Oui. Mais il ne faut pas être injuste, ce n'est pas ma faute.

JEANNETTE *qui regarde son poulet, navrée.*

Pauvre Léon. Il aurait tellement voulu devenir un grand coq redoutable. Un vrai coq avec une vraie crête rouge, qui réveille tout le monde le matin.

FRÉDÉRIC, *doucement.*

Vous ne mangez jamais de poulets?

JEANNETTE *baisse la tête.*

Si. Des poulets que je ne connais pas. Mais je sais que c'est aussi injuste. J'ai essayé de ne plus manger de viande. Je n'ai pas pu. J'ai trop envie.

FRÉDÉRIC

Alors, vous non plus ce n'est pas votre faute.

JEANNETTE *secoue la tête, sombre.*

Si. Quand je serai vieille, quand je comprendrai tout, comme les autres, je sais que je dirai cela moi aussi, que rien n'est de la faute de personne. Cela doit être bon tout d'un coup, de tout admettre; de tout excuser, de ne plus jamais se révolter. Vous ne trouvez pas que c'est long, vous, d'être vieux?

FRÉDÉRIC *sourit.*

Il suffit d'avoir un peu de patience.

JEANNETTE

Je n'aime pas la patience. Je n'aime pas me résigner, ni accepter. Elle a dû vous en dire des choses sur moi, ma sœur.

FRÉDÉRIC *sourit.*

Oui. Beaucoup.

JEANNETTE

Et bien, tout est vrai! Et je suis pire encore. Et tout est de ma faute. Je suis la honte de la famille, on a dû vous expliquer : celle qui fait tout ce qu'on ne doit pas. Il faut me détester!

FRÉDÉRIC *sourit.*

Je sais.

JEANNETTE

Et puis il ne faut pas me sourire comme à un enfant et croire que j'ai besoin d'indulgence. Je n'aime pas la sensiblerie, non plus, ni qu'on pleurniche. Vous avez raison. Je mange les autres poulets, pourquoi ne mangerais-je pas celui-là maintenant qu'il est mort? Parce que je l'aimais? C'est trop bête. Je vais le rendre à l'ogresse! *(Elle va vers la cuisine en criant.)* Tenez, le voilà votre poulet, les deux femmes!... Plumez-le dans votre cuisine et faites-le cuire si vous voulez!

> *Elle a disparu, Frédéric se retourne vers Lucien qui n'a pas bougé, suivant toute cette scène avec son œil ambigu, et lui dit d'une voix qui veut être enjouée et qui ne l'est pas.*

FRÉDÉRIC

Elle est étonnante!

Lucien le regarde une seconde sans rien dire,
puis il laisse tomber, descendant de son canapé
avec un sourire.

LUCIEN

Oui. Elle n'a pas fini de vous étonner.

Frédéric, surpris par son ton, le regarde.

LE RIDEAU TOMBE

DEUXIÈME ACTE

Même décor, mais la maison est en ordre. C'est le soir, après le dîner. La pièce est déjà pleine d'ombre. Au fond, dans la cuisine éclairée, on voit la mère et Julia qui s'affairent à des besognes. En scène, le père qui dort dans un fauteuil, son cigare éteint à la main. Frédéric et Jeannette assis loin l'un de l'autre de chaque côté de la table à demi desservie qui se regardent. Plus loin adossée à la porte-fenêtre une ombre : Lucien qui contemple la nuit.

Le père se met soudain à ronfler bruyamment puis s'arrête, Lucien s'étant mis à siffler rageusement une sonnerie de caserne. Frédéric et Jeannette ont détourné le regard vers le père, ils le reportent l'un sur l'autre et se sourient pour la première fois. Une pendule sonne une demie quelque part. Leur sourire s'efface. Frédéric demande :

FRÉDÉRIC

Le train est à dix heures et demie ?

JEANNETTE

Oui. *(Un silence.)*

FRÉDÉRIC

Comme ce jour a passé vite.

JEANNETTE

Oui.

FRÉDÉRIC

Quand nous reverrons-nous maintenant?

JEANNETTE

Le jour de la noce.

> *Un silence. Lucien bouge soudain et s'enfonce
> dans la nuit. On l'entend siffler le couvre-feu en
> s'éloignant.*

FRÉDÉRIC

On dirait que c'est un soir dans très longtemps,
quand nous viendrons passer quelques jours ici
avec Julia. Ce sera tout pareil... Votre papa
s'endormira dans son fauteuil, laissant éteindre son
cigare. Julia s'affairera là-bas dans la cuisine. Nous
oublierons d'allumer la lampe comme ce soir et
nous écouterons venir la nuit.

JEANNETTE

Vous ne reviendrez jamais ici, vous le savez bien.

FRÉDÉRIC

Pourquoi?

JEANNETTE

Julia ne voudra jamais revenir.

FRÉDÉRIC, *après un silence.*

Alors, c'est un soir d'il y a très longtemps au
contraire. Un ancien soir qui ne veut pas cesser de
vivre. Nous devons être très vieux en ce moment,
usés, brisés, séparés depuis des années et des
années, et nous sommes en train de nous rappeler
ce soir calme où personne ne songeait à allumer la

lampe et où nous restions là à attendre, sans savoir quoi.

JEANNETTE *s'est dressée, elle crie.*

Je ne me souviendrai pas, moi! Je déteste les souvenirs. C'est trop lâche, trop inutile.

LE PÈRE *se réveille en sursaut et veut
avoir l'air de ne pas dormir.*

Qu'est-ce que tu disais, fillette? Je n'ai pas très bien compris.

JEANNETTE

Rien, papa. Je ne disais rien. Dors.

LE PÈRE, *se rendormant.*

Je ne dors pas. J'entends tout.

JEANNETTE, *derrière lui, trop bas pour
qu'il se réveille, le regard perdu
on ne sait où.*

Alors, papa, écoute si tu entends tout. Ecoute de toutes tes oreilles, écoute ce qu'elle va dire, ta fille. Ta mauvaise fille. Pas l'autre. L'autre ne dit jamais de choses honteuses, des choses qui brûlent en passant. Elle fait tout bien toujours, ton autre fille, et cela va lui être compté. Elle va être heureuse. Elle n'aura pas besoin du souvenir d'un soir pour plus tard, elle va avoir droit à tous les soirs, à tous les jours, à toutes les minutes, à toute la vie. Et quand elle sera morte et que cela n'en finira plus, au souvenir de toute sa vie encore à revivre éternellement assise du bon côté de son Bon Dieu.

FRÉDÉRIC *s'est levé, soudain.*

Taisez-vous!

JEANNETTE *crie, d'abord.*

Non, je ne me tairai pas! *(Puis elle se trouble et dit doucement :)* Pourquoi voulez-vous que je vous obéisse, qui êtes-vous pour moi?

> *A ce moment un vieil homme, vêtu d'une pèlerine sombre, paraît sur le seuil, un télégramme à la main. Il crie :*

LE FACTEUR

Les enfants! Les enfants!

LE PÈRE, *se retournant dans son sommeil.*

Le courrier, les enfants, le courrier! C'est le facteur!

LUCIEN *a surgi de la nuit, il se précipite vers l'homme.*

C'est toi, facteur? C'est pour moi?

LE FACTEUR

Non, gamin. C'est pour ta sœur. Un télégramme, une taxe de nuit.

LUCIEN

Quand cela sera-t-il pour moi, facteur?

LE FACTEUR

Quand je la recevrai, gamin.

> *Il disparaît dans la nuit. On entend la cloche de la grille, un instant, puis Lucien s'approche et tend le télégramme à Jeannette.*

LUCIEN

Tiens, une taxe de nuit, ma chère. On a donc des choses urgentes à te dire, à toi? *(Un temps, il attend. Jeannette a pris le télégramme sans l'ouvrir.)* Tu ne l'ouvres pas?

JEANNETTE

Non. Je sais ce qu'il y a dessus.

LUCIEN, *qui grimace de curiosité.*

Tu en as de la chance! Je voudrais bien le savoir...

Il s'en va, sifflant une sonnerie de caserne, après avoir vidé un verre de vin.

FRÉDÉRIC *demande soudain sourdement.*

Qu'est-ce qu'il y a sur ce télégramme?

JEANNETTE

Rien.

FRÉDÉRIC

Pourquoi ne l'ouvrez-vous pas?

JEANNETTE *le déchire sans le lire.*

Je sais d'avance tout ce qu'on m'y dit.

FRÉDÉRIC

Vous avez raison, d'ailleurs. Est-ce que cela me regarde? Je vous connais depuis ce matin et je vais partir dans une heure.

JEANNETTE

Et vous épousez ma sœur le mois prochain.

FRÉDÉRIC

Oui. *(Ils se regardent.)*

JEANNETTE, *après un temps soudain.*

C'est un télégramme de mon amant.

FRÉDÉRIC

L'homme qui nous a suivis cet après-midi dans la forêt?

JEANNETTE

Vous l'avez vu? Non, pas celui-là, le pauvre.
Celui-là n'ose pas m'écrire. Il ne sait peut-être pas
écrire d'ailleurs. C'est un autre qui pense qu'il y a
droit. Un autre que je vais retrouver chez lui tous
les soirs.

FRÉDÉRIC

Et c'est parce qu'il ne vous verra pas ce soir qu'il
vous écrit.

JEANNETTE

Ni ce soir ni plus jamais. Je lui ai fait porter un
mot ce matin pour lui dire que je ne le reverrai
plus.

Un temps. Frédéric demande avec effort.

FRÉDÉRIC

Pourquoi le quittez-vous?

JEANNETTE

Parce que je ne l'aime pas. Parce que j'ai honte
tout d'un coup d'être à lui.

FRÉDÉRIC

Et hier?

JEANNETTE

Hier, cela m'était égal. Tout m'était égal hier :
d'avoir un amant comme lui, d'avoir les jambes
nues et une robe déchirée, d'être laide.

FRÉDÉRIC, *sourdement.*

Vous n'êtes pas laide.

JEANNETTE

Si. Julia est plus belle que moi. Julia est pure, et
moi je sais ce que je vaux. Celui qui nous suivait a

été aussi mon amant et je ne l'aimais pas. Et il y a
eu les autres avant depuis que j'ai quinze ans et
je ne les aimais pas non plus.

FRÉDÉRIC

Pourquoi faites-vous exprès de vous salir?

JEANNETTE

Pour que vous me haïssiez, pour que vous partiez
ce soir en me haïssant, pour que vous épousiez Julia
en me haïssant.

FRÉDÉRIC

Vous savez bien que je ne le pourrai pas.

JEANNETTE, *doucement*.

Et puis aussi pour que vous ne puissiez plus
jamais oublier ce moment où je vous aurai dit ma
honte dans le noir.

FRÉDÉRIC, *après un temps*.

C'est mal de tout dire ainsi exprès.

JEANNETTE

Je n'ai qu'un soir, moi, je n'ai même pas un soir,
je n'ai qu'une heure, même plus une heure maintenant, et après, tout mon temps pour me taire.

FRÉDÉRIC

Pourquoi parler ainsi puisque nous ne pouvons
rien?

JEANNETTE

Rien demain, non, rien de toute notre vie; mais
nous pouvons encore quelque chose pendant cette
heure, si elles nous la laissent. C'est long une heure
quand on n'a que cela.

FRÉDÉRIC

Qu'est-ce que nous pouvons?

JEANNETTE

Bien nous dire notre malchance. Notre noire
petite malchance à tous les deux puisqu'il nous
faudra la taire après éternellement. Bien nous dire
comme c'est bête de se tromper d'un jour, de se
tromper d'une minute, pour toujours.

FRÉDÉRIC *crie*.

Mais ce matin j'aimais Julia!

JEANNETTE

Oui, et vous l'aimez sans doute encore. Et vous
allez partir avec elle tout à l'heure, de toute façon.
Et elle vous aura toute sa vie. C'est pour cela que
j'ose parler, parce qu'elle est plus riche que moi.

FRÉDÉRIC

Julia est bonne, il ne faut pas qu'elle ait mal!

JEANNETTE

Je le sais. Et je sais aussi que ma peine à moi est
bien trop neuve, elle ne pèse pas pareil. Et que c'est
mon souvenir à moi qui doit pâlir en vous comme
une vieille photographie, jour après jour. Je sais
que vous devez un jour ne plus vous rappeler
exactement mes yeux — vous les avez si peu
regardés — et puis, un autre jour, le jour de la
naissance du premier fils de Julia peut-être ou bien
celui de son baptême, les perdre tout à fait.

FRÉDÉRIC *a un cri sourd*.

Non.

JEANNETTE

Si. C'est pour cela que j'ose tout dire. Je parle

comme ceux qui doivent mourir. Et pas pour une bonne cause encore; honteusement, sans être trop plainte.

FRÉDÉRIC

Je partirai avec Julia tout à l'heure et je l'épouserai, oui. Mais je ne vous oublierai jamais. *(Un silence.)*

JEANNETTE, *doucement, les yeux fermés.*

Il faut dire merci, n'est-ce pas, comme les pauvres? *(Un silence encore.)*

FRÉDÉRIC

Ce trouble, cette angoisse qui nous ont pris tous les deux aujourd'hui, cela ne doit pas être l'amour, ce n'est pas possible; mais je ne pourrai plus les effacer de moi maintenant.

JEANNETTE, *les dents serrées.*

Moi si. Dès demain. Je vous le jure!

FRÉDÉRIC

Vous le pourrez?

JEANNETTE

Il faudra bien que je le puisse! Il faudra bien que je me l'arrache mon mal, toute seule, comme les bêtes s'arrachent une épine de leur patte, avec les dents. Je ne veux pas aimer sans rien dans mes bras, moi. Je ne veux pas en aimer un et en tenir un autre.

FRÉDÉRIC

Mais nous ne nous aimons pas! Nous ne nous connaissons même pas!

JEANNETTE *secoue la tête.*

C'est vrai, je ne dois pas vous aimer, je vous hais trop. Qu'est-ce que vous êtes venu faire ici? Vous ne pouviez pas l'épouser là-bas, votre Julia, sans que je le sache. Hier je riais, hier j'avais un amant que je n'étais pas sûre d'aimer et cela m'était égal. Il me disait qu'il m'aimait, lui, et cela m'amusait encore hier.

FRÉDÉRIC

Pourquoi lui avez-vous écrit que vous le quittiez ce soir?

JEANNETTE

Pour rien. Pour être une fille libre quand je vous dirai adieu. Et si j'avais pu quitter aussi les autres, ceux d'avant, et effacer la trace de leurs mains sur moi, je l'aurais fait.

LE PÈRE *se retourne dans son fauteuil*
en dormant, il soupire.

Oui, mais, bien entendu ce n'est pas moi qui paie!

FRÉDÉRIC *sourit malgré lui.*

A quoi rêve-t-il?

JEANNETTE *sourit aussi.*

Je ne sais pas. Peut-être au repas de noces... Pauvre papa! Quand Lucien sera parti, lui aussi, nous resterons seuls tous les deux. Un drôle de ménage!

Ils se sont rapprochés pour regarder le père.

FRÉDÉRIC *dit soudain doucement.*

Je vous demande pardon.

JEANNETTE *sourit.*

Pourquoi? Vous m'avez déjà demandé une fois
pardon pour rien ce matin au moment du poulet...
Après tout, tout cela est juste. C'est le contraire qui
serait terrible. Julia est une vraie femme, pas moi.
Vous l'aimez depuis des mois et des mois, moi
seulement depuis ce matin, et encore ce n'est pas
très sûr. C'est moi qui suis une folle d'avoir parlé.
Des histoires comme la nôtre, cela doit arriver tous
les jours; mais les gens se contentent de pousser
un gros soupir en pensant : « Quel dommage que
ce soit trop tard! » et de se regarder avec de drôles
d'yeux, après, pendant des années. Cela met du
mystère dans les familles...

On entend Lucien siffler dehors. Il surgit
soudain de la nuit derrière eux.

LUCIEN

Alors, les enfants? On regarde le papa faire
dodo? *(Il s'approche.)* Ça ne vous donne pas le
petit frisson, ce cadavre la bouche ouverte? Comme
il a l'air surpris! C'était donc ça la vie? On aurait
dû m'avertir. Trop tard, cher ami, beaucoup trop
tard. Dormez donc. Prenez tranquillement votre
petit acompte de mort. Mais ne ronflez pas, sinon
je siffle; j'aime les morts discrets. *(Il les regarde.)*
Vous ne vous ennuyez pas trop tous les deux, tout
seuls? *(Il regarde les autres qu'on voit passer au fond*
dans la cuisine éclairée.) Regardez-les, les fourmis.
Et ça frotte, ça récure là-bas dans la cuisine, ça
croit tenir la vérité comme le manche d'une casserole, ça ne se doute de rien. Elles nous haïssent
toutes les deux, elles savent que notre crasse sera la
plus forte dès demain — et elles vont peut-être
rater leur train à cause de ça — mais ça ne fait rien,
elles ne veulent pas qu'il soit dit qu'elles auront
laissé notre cuisine sale... On met son honneur où

l'on peut, n'est-ce pas? Où mets-tu le tien, toi, Jeanneton? *(Un silence, les autres ne lui répondent pas, il vient se verser un verre de vin à la table.)* J'adore les ménagères, moi! C'est l'image de la mort. Comme cela doit être drôle, vu de loin, toutes ces malheureuses qui frottent inlassablement le même petit coin du décor, jour après jour pendant des années et des années, vaincues chaque soir par la même poussière... Et la ménagère s'use, se sèche, se ride, s'abîme, se tord et claque enfin un soir, après un dernier nettoyage, vannée... Alors, sur le même petit coin du décor, qui n'a pas bougé lui — pas si bête! il a le temps —, retombe le lendemain une nouvelle couche de poussière. La bonne celle-là. *(Il s'étire, bâille, boit encore.)* Il est vrai que si elles ne faisaient pas cela, qu'est-ce qu'elles feraient les pauvres? L'amour? *(Il se lève.)* Tout le monde ne peut pas faire l'amour, ça ne serait pas sérieux. N'est-ce pas, cher beau-frère? *(On l'entend ricaner dans l'ombre et on ne le voit déjà plus. Il siffle l'appel aux sergents de la semaine en s'éloignant dans le jardin.)*

FRÉDÉRIC, *sourdement soudain.*

L'amour. Il croit donc que ce n'est pas une lutte aussi pour chaque jour?

JEANNETTE *sourit, un peu lassée.*

Une lutte pour chaque jour, mais pas si dure qu'aujourd'hui alors... Je ne pourrais plus.

FRÉDÉRIC *sourit, un peu las aussi.*

Oui. La journée a été rude. *(Un silence, il reprend.)* Et il y a encore la nuit. Et puis il faudra se réveiller.

JEANNETTE

Moi qui suis une mauvaise fille, je ne bougerai pas de mon lit défait. Jusqu'aux yeux sous mes couvertures... Papa viendra crier un peu à ma porte et puis il fera réchauffer tout seul le vieux café. Plus tard, vers midi, je l'entendrai crier parce qu'il ne trouvera pas de clef pour ouvrir une boîte de sardines. Et je ferai la morte encore, jusqu'à la nuit.

FRÉDÉRIC

Et le premier jour tué, il y aura les autres. *(Il crie soudain.)* Je ne pourrai pas! *(Jeannette le regarde, il continue.)* Je veux bien me battre, oui, mais pas contre cette part de moi qui crie. Je veux bien me battre, mais pas contre cette joie. *(Il la regarde, il crie encore.)* Ah! que vous êtes loin de l'autre côté de cette table! Comme vous avez été loin tout aujourd'hui...

JEANNETTE

Il le fallait. Qu'est-ce qui serait arrivé si vous m'aviez seulement frôlée?

FRÉDÉRIC

Nous nous sommes battus tout aujourd'hui sans nous toucher, sans même oser nous regarder. Et nous roulions par terre, nous nous étouffions sans un geste, sans un cri, pendant que les autres nous parlaient... Oh! que vous êtes loin encore. Et, pourtant, vous ne serez jamais plus aussi près.

JEANNETTE

Jamais plus.

FRÉDÉRIC

Jamais plus, même en pensée... Il ne faudra pas, n'est-ce pas, si nous voulons être les plus forts? Il ne faudra pas une seule fois nous imaginer dans les bras l'un de l'autre...

JEANNETTE, *les yeux fermés, sans bouger.*

Il ne faudra pas demain. Mais ce soir, moi, je suis dans vos bras.

> *Il y a un silence, puis Frédéric soupire aussi, les yeux fermés.*

FRÉDÉRIC

Je ne pouvais plus... Oh! ne bougez pas. C'est si bon tout d'un coup que cela ne peut pas être mal.

> *Jeannette a les yeux fermés aussi. Ils vont parler ainsi de loin, sans faire un geste tous les deux.*

JEANNETTE

Oui, c'est bon. *(Un silence encore.)*

FRÉDÉRIC, *dans un souffle.*

C'était donc possible. Il me semble que je bois de l'eau. Comme j'avais soif.

JEANNETTE

Moi aussi, j'avais soif. *(Un silence, puis Jeannette dit enfin sourdement.)* Il faudrait peut-être les appeler maintenant. Réveiller papa ou bien sortir avec Lucien, mais qu'il y ait quelqu'un avec nous.

FRÉDÉRIC *crie soudain.*

Attendez! j'ai trop mal. Je ne savais pas ce que c'était non plus : avoir mal. *(Il ouvre les yeux, fait un pas, demande.)* Qui est cet homme?

JEANNETTE

Quel homme?

FRÉDÉRIC

Votre amant.

JEANNETTE *recule un peu dans l'ombre.*

Quel amant? Je n'ai pas d'amant.

FRÉDÉRIC

Vous venez de me le dire à l'instant. Qui est cet homme que vous allez voir tous les soirs?

JEANNETTE *crie.*

Qui vous a dit que j'allais le voir tous les soirs? Vous écoutez ce que vous disent les autres?

FRÉDÉRIC

C'est vous-même qui me l'avez dit.

JEANNETTE

Je vous mentais! Ce n'était pas vrai. Vous l'avez cru? Je n'ai pas d'amant.

FRÉDÉRIC

Pourquoi me l'avez-vous dit alors? Moi je crois tout.

JEANNETTE

Pour que vous m'écoutiez. Vous ne pensiez qu'à fuir. Qu'à essayer de ne pas m'aimer de toutes vos forces!

FRÉDÉRIC

Qu'est-ce qu'il y avait sur ce télégramme?

JEANNETTE

Quel télégramme?

FRÉDÉRIC

Celui que vous venez de déchirer.

JEANNETTE

Vous me faites peur. On dirait un juge. Vous

vous rappelez que j'ai reçu un télégramme, que je l'ai déchiré. Vous vous rappelez tout.

FRÉDÉRIC

Oui, j'oubliais tout autrefois : les noms des rues, les numéros, les insultes, les visages. Julia riait de moi. Je n'oublie plus rien maintenant. Tout est en place avec une étiquette, un point d'interrogation. Quelle comptabilité harassante de vivre! Qu'est-ce qu'il y avait sur ce télégramme, répondez.

JEANNETTE

Comment voulez-vous que je vous réponde? Vous avez vu. Je l'ai déchiré sans l'ouvrir.

FRÉDÉRIC

Ramassez les morceaux par terre et lisez-les.

JEANNETTE

Je ne sais plus où ils sont.

FRÉDÉRIC

Moi, je le sais. A vos pieds.

JEANNETTE

Il fait noir. Je ne pourrai pas lire.

FRÉDÉRIC

J'allumerai.

JEANNETTE *crie soudain.*

Oh! non, s'il vous plaît, n'allumez pas! Ne me forcez pas à lire. Ne me forcez pas à vous regarder en face. Croyez-moi plutôt. Cela serait si facile de me croire dans ce noir.

FRÉDÉRIC

Mais je ne demande qu'à vous croire! A vous

croire comme un enfant, comme un nègre. Tout
hurle en moi que je veux vous croire. Cela ne
s'entend donc pas du dehors, tous ces cris?
Seulement, je ne le peux pas. Vous mentez toujours.

JEANNETTE

Oui, je mens toujours, mais il faut me croire tout
de même. Ce ne sont pas de vrais mensonges que je
fais. Tout aurait pu être vrai avec un peu de
chance. Tout deviendrait vrai si vous le vouliez.
Oh, s'il vous plaît! votre rôle est tellement plus
simple à vous. Il vous suffit seulement de vouloir.

FRÉDÉRIC

Je veux, je veux, de toutes mes forces comme
dans les rêves, mais je ne peux pas. Qui vous a
envoyé ce télégramme?

JEANNETTE

Vous voyez, vous questionnez toujours, alors il
faut bien que je vous mente, moi, pour gagner un
peu de temps!

FRÉDÉRIC

Pourquoi gagner du temps?

JEANNETTE

Tout est encore si fragile. C'est encore trop tôt
pour parler. Demain nous nous connaîtrons.
Demain nous serons peut-être plus forts que les
mots... Oh! si vous attendiez, si vous attendiez
seulement un peu. Je suis si pauvre en face de vous
ce soir. J'ai un si petit bagage encore. Une vraie
mendiante. Donnez-moi deux sous, deux sous de
silence.

FRÉDÉRIC, *sourdement*.

Je ne peux pas.

JEANNETTE

Ou posez-moi d'autres questions, alors… Deman-
dez-moi pourquoi je tremble en vous parlant, pourquoi en vous mentant je pleure, pourquoi je m'embrouille tellement, moi qui suis sûre de tout et qui
ris avec les autres !

FRÉDÉRIC

Je ne peux pas. Je veux savoir qui sont les autres,
je veux savoir tout ce qui peut me faire mal.

JEANNETTE *a soudain un geste désespéré,
elle crie.*

Alors, tant pis, vous l'aurez voulu ! Prenez-moi
ou rejetez-moi avec ma honte. Il faut que vous en
portiez votre moitié maintenant. Je ne peux plus
toute seule. Il faut que nous partagions. Tout était
vrai, oui, tout à l'heure, j'ai un amant et c'est lui
qui m'écrit pour me supplier de ne pas le quitter
sans doute ; et j'en ai eu d'autres avant, sans amour,
sans savoir qu'il fallait attendre, qu'il y avait un
garçon, quelque part sur la terre, que je ne
connaissais pas encore et que j'étais en train de
voler… Voilà. Vous savez tout maintenant, et puis
que je ne sais que mentir pour me défendre. *(Un
silence.)* Vous ne dites plus rien. Vous êtes debout
près de moi, je vous entends respirer dans l'ombre
et je sens que Julia doit faire en ce moment une
grande tache claire au fond de vous. Vous ne
pourrez jamais l'aimer comme elle, n'est-ce pas,
cette menteuse ? *(Elle ajoute tout bas, soudain.)* Et
pourtant, avec ma honte et mes histoires et ma
méchanceté dans le cœur, je suis comme une jeune
fille, en ce moment, devant vous — les autres ne le
sauront jamais —, sans bouquets, sans voiles clairs,
sans innocence et sans petits enfants pour lui tenir
la traîne, une fiancée toute noire… *(Elle ajoute plus*

bas, si c'est possible.) Et rien que pour vous si vous daignez la voir.

> *Frédéric a fait un pas soudain. Il la prend dans ses bras, l'embrasse. Elle se dégage avec un cri de petite bête blessée et s'enfuit. Il reste seul, immobile dans la pièce sombre. La mère entre et allume la suspension qui dispense une clarté triste.*

LA MÈRE

On n'y voit rien ici. Qu'est-ce que tu fais dans le noir? *(Elle range des choses dans le buffet.)* Voilà. Leur cuisine n'aura jamais été aussi propre. Pauvre Julia! Elle en avait les larmes aux yeux... Je la comprends. Elle leur ressemble si peu. Ah! c'est pour elle que je suis restée ce matin. Dieu merci, maintenant c'est fini! Nous avons fait ce qu'il fallait faire; nous allons repartir tous les trois et nous ne les reverrons pas de si tôt. Qu'est-ce que tu as? Tu es tout pâle. Tu es fatigué?

FRÉDÉRIC

Non, maman.

LA MÈRE

C'est cet éclairage. *(Elle regarde le père.)* Il dort, le vieux bandit. C'est encore lui le moins mauvais des trois. Tu as vu l'autre, cette audace de nous laisser tout faire à Julia et à moi? On tâchera de ne pas la faire venir au mariage. Julia le pense comme moi. Jamais tes oncles ne comprendraient que je te laisse épouser la sœur d'une fille comme ça. Pauvre Julia! Elle a déjà bien trop souffert à cause d'elle. C'est assez maintenant. *(Elle retourne vers la cuisine criant à Julia qu'on aperçoit au fond.)* Il faut laisser le reste, ma petite, si nous ne voulons pas rater notre train!

> *Elle a disparu avec Julia au fond. Frédéric n'a pas bougé. Une porte s'ouvre soudain.*

*Jeannette paraît. Ils vont parler à voix basse
maintenant comme des criminels.*

JEANNETTE

Qu'est-ce que nous allons faire?

FRÉDÉRIC

Il faut lui dire.

JEANNETTE

Maintenant que c'est moi la plus riche, j'ai
honte. Appelez-la, vous.

FRÉDÉRIC *appelle à voix presque basse.*

Julia.

JEANNETTE

Plus fort. Elle ne peut pas entendre... *(Elle crie.)*
Attendez! C'est mal ce que nous faisons.

FRÉDÉRIC

Oui, c'est mal.

JEANNETTE

Personne ne pourra jamais comprendre, personne
ne nous excusera jamais, n'est-ce pas?

FRÉDÉRIC

Personne, non.

JEANNETTE

Nous sommes là comme deux assassins qui
n'osent pas se regarder en face. Mais il le faut. Ce
serait encore plus laid de ne rien dire.

FRÉDÉRIC

Et demain il sera trop tard. *(Il appelle encore trop
bas.)* Julia.

JEANNETTE *a été à lui, elle le
tient embrassé.*

Attendez! Elle va vous perdre. Tout à coup elle
ne va plus vous avoir dans ses bras. J'essaie
d'imaginer ce que c'est de ne plus rien avoir dans
ses bras.

FRÉDÉRIC

C'était tout à l'heure.

JEANNETTE, *dans un cri.*

Je ne me rappelle déjà plus! Ah! qu'on est bien
tous les deux! C'était quand? C'était hier que nous
ne nous connaissions pas?

FRÉDÉRIC

Je ne sais plus. Il faut l'appeler.

JEANNETTE

Attendez! *(Elle crie encore.)* Ah! si vous aviez
pu ne jamais la connaître! Si vous aviez pu me
rencontrer la première, moi! Je vous touche, je
vous touche vraiment. Pardon, Julia, que ce soit si
bon!

FRÉDÉRIC *qui regarde au loin
droit devant lui.*

Il ne faut pas lui demander pardon. Il ne faut pas
essayer de lui expliquer. Il faut lui dire vite, comme
on donne un coup de couteau. La tuer vite et puis
s'enfuir.

JEANNETTE

Comme vous l'aimez encore!

FRÉDÉRIC

Oui. *(Il appelle plus fort cette fois.)* Julia!

JULIA *paraît, un linge à la main, à la
porte de la cuisine.*

Tu m'appelles?

FRÉDÉRIC, *plus bas.*

Oui, Julia.

*Ils se sont lâchés, ils sont l'un près de l'autre,
regardant droit devant eux. Julia entre, les
regarde.*

JULIA

Qu'est-ce que c'est?

FRÉDÉRIC *commence.*

Voilà, Julia. Ça va être difficile à dire, et tu ne
pourras pas comprendre certainement. Je ne vais
pas t'épouser, Julia.

JULIA *ne bouge pas d'abord, puis elle pose
son linge sur une chaise. Elle regarde
Jeannette, elle demande :*

Qu'est-ce qu'elle t'a dit?

FRÉDÉRIC

Elle ne m'a rien dit. Tu ne peux pas savoir. Tu
ne pourras jamais savoir, jamais comprendre. Ce
n'est pas notre faute. Nous avons lutté tous les
deux depuis ce matin.

JULIA

Vous avez lutté? Qui, vous?

FRÉDÉRIC *a un geste.*

Nous deux. Tu vas repartir avec maman, Julia,
moi je vais rester.

JULIA

Où vas-tu rester?

FRÉDÉRIC

Ou si tu crois que c'est mieux que ce soit toi qui restes nous partirons.

JULIA

Mais qui, « nous »? *(Ils ne répondent pas, elle reprend plus bas.)* Quand tu dis « nous », ce n'est plus nous? Avec qui parles-tu de partir? *(Ils ne répondent pas.)* Vous essayez de me faire peur, n'est-ce pas? Et maintenant vous allez rire. Ou vous voulez peut-être que je rie la première? *(Elle essaie de rire maladroitement et s'arrête devant leur regard.)*

JEANNETTE, *doucement.*

Je vais te faire du mal, Julia. Nous nous détestons toutes les deux depuis que nous sommes toutes petites. Mais je voudrais être humble aujourd'hui avec toi, Julia. Je voudrais être ta servante.

JULIA

Quitte ton air doux. Tu me fais peur!

JEANNETTE

Nous nous sommes toujours tout disputé : nos jouets, nos chiffons. Je voudrais te donner tout ce que j'ai aujourd'hui. Mais je n'ai rien, que mes robes trouées et lui, et je ne peux pas te le donner. Je voudrais m'enlaidir pour que tu aies un peu moins de peine; m'abîmer le visage, couper mes cheveux. Mais à cause de lui, je ne veux pas devenir laide non plus.

JULIA

Tu crois donc qu'il peut t'aimer, toi? Tu es tout ce qu'il hait au monde!

JEANNETTE, *humblement.*

Oui, Julia.

JULIA

Tu es le désordre, tu es le mensonge, tu es la paresse!

JEANNETTE

Oui, Julia.

JULIA

Lui qui est si pur, si exigeant, lui qui est l'honneur! T'aimer, toi? Tu veux rire? Tu lui as dit tes amants?

JEANNETTE

Oui, je lui ai dit.

JULIA

Et le dernier, celui qui te paie, tu lui as dit? Je suis sûre que tu ne lui avais pas dit celui-là?

JEANNETTE *crie, soudain transfigurée.*

Merci, Julia!

JULIA

Pourquoi merci?

JEANNETTE

Tu viens d'être méchante enfin!

JULIA

Vous espériez donc que je n'allais pas me défendre? Elle t'a enjôlé? Elle s'est frottée contre toi, comme avec les autres? Elle t'a donné sa bouche dans un coin ou mieux encore peut-être dans les dunes?

FRÉDÉRIC *crie*.

Nous n'avons jamais été seuls, nous ne nous sommes même pas parlé!

JULIA

Oh! il ne lui faut pas longtemps à elle ni de longs discours. Demande-lui comment elle faisait autrefois, le soir, avec les petits pêcheurs le long des barques. Sur les filets, dans l'odeur du poisson!

JEANNETTE

Merci, Julia, merci!

JULIA

Garde tes mercis, voleuse!

JEANNETTE

Maintenant que tu te défends, je n'ai plus honte! Merci, Julia!

FRÉDÉRIC *veut l'écarter*.

Taisez-vous! Laissez-la!

JEANNETTE

Tu aurais pu pleurer, te noyer soudain et il aurait peut-être eu pitié de toi, mais tu t'es mise à te défendre comme une femme qu'on va voler!

JULIA

Voleuse, oui, voleuse!

FRÉDÉRIC

Taisez-vous toutes les deux!

JULIA

Me taire? il faut aussi que je me taise! Elle te prend et je dois me taire?

JEANNETTE

Comme tu es maladroite, Julia! Tu es toute raide, toute digne. Tu ne penses qu'à ta haine. Tu ne penses qu'au tort qu'on te fait. Pleure plutôt, pleure donc, attendris-le!

JULIA

Tu serais trop contente que je pleure, n'y compte pas!

JEANNETTE

Pleure! Il n'attend que cela pour te reprendre. Il t'aime encore, tu le vois bien. Regarde-le au moins!

JULIA

Non.

JEANNETTE

Moi je crie, je suis dépeignée, je suis laide! Je lui déplais en ce moment. Il est en train de te regretter. Pleure, pleure vite, Julia!

JULIA

Non! J'aurai tout mon temps pour pleurer. Les larmes, ce sera pour quand je serai seule.

JEANNETTE

Arrache-moi les yeux alors! griffe-moi, bats-moi, je ne me défendrai pas! Mais fais quelque chose de laid, toi aussi, que je ne sois pas seule! Il ne pense plus qu'à toi, il n'entend plus que toi en ce moment. Fais quelque chose de laid, fais quelque chose de laid ou je te tue, je te crache au visage!

*Elle s'est jetée sur Julia. Frédéric l'arrache,
lui faisant mal, et la rejette au loin.*

FRÉDÉRIC

Laissez-la maintenant. Je le veux!

JEANNETTE *crie triomphante de loin.*

Il m'a battue! tu vois, il m'a battue! C'est moi qu'il a battue! C'est moi qui suis sa femme!

FRÉDÉRIC *doucement, à Julia.*

Va-t'en, Julia. Tu vaux mieux qu'elle, j'en suis sûr, et elle a peut-être fait tout ce que tu disais, mais elle dit vrai : c'est elle qui est ma femme maintenant.

JULIA *se détourne soudain et fuit*
vers la cuisine en criant.

Au secours, mère, au secours!

JEANNETTE *a les yeux fermés, elle dit*
soudain, d'une voix rauque.

Comme vous devez me haïr en ce moment.

FRÉDÉRIC, *dur, sans la regarder.*

Montez dans votre chambre; prenez ce que vous voulez emporter et attendez-moi dehors.

Jeannette sort. Lucien paraît soudain.

LUCIEN

Vous n'allez pas faire ça?

FRÉDÉRIC

Si. Tout de suite.

LUCIEN

Ne faites pas ça. Ça rate toujours.

FRÉDÉRIC

Pourquoi?

LUCIEN

Parce que c'est trop bon. Et tout ce qui est bon est défendu, vous ne le savez donc pas? *(Il se sert un verre de vin rouge.)* Tenez, ce verre de vin, ce n'est rien, mais cela fait un peu chaud quand ça passe... C'est défendu. Il faut profiter d'un moment d'inattention. *(Il vide le verre d'un trait.)* Hop! Il ne m'a pas encore vu ce coup-là.

FRÉDÉRIC

Qui?

LUCIEN *montre le ciel du doigt.*

L'autre, là-haut. Chaque fois qu'on est heureux, cela le met épouvantablement en colère. Il n'aime pas ça.

FRÉDÉRIC

Vous êtes ivre.

LUCIEN

Pas encore, malheureusement. Je ne suis ivre que beaucoup plus tard dans la nuit. Vous n'allez pas faire ça, dites? C'est perdu d'avance.

FRÉDÉRIC

Nous le verrons bien.

LUCIEN

Je le vois déjà, moi. Je vous vois dans huit jours, je vous vois dans un mois tous les deux, je vous vois dans un an. C'est tout un petit cinéma qui se déroule. Un terrible petit cinéma. Il est encore temps. Allez trouver Julia et la maman dans la cuisine. Dites-leur que vous avez rêvé.

FRÉDÉRIC

Je n'ai pas rêvé!

LUCIEN

Regardez-moi, mon vieux. Je n'ai pas l'air tendre. Ne faites pas ça! Rien que pour Julia.

FRÉDÉRIC

Je ne peux plus penser à Julia!

LUCIEN

Ce n'est rien l'amour. De la dérision, du mensonge, du vent. Elle, elle va mourir vraiment. Ne faites pas ça! Ça ne vaut pas le mal qu'elle va avoir, ça ne vaut pas la peine qu'on se donne, surtout pas la peine qu'on donne aux autres. C'est rien l'amour. Ça ne vaut pas les larmes d'un enfant. Ne faites pas ça!

FRÉDÉRIC

Je me suis déjà tout dit. C'est trop tard.

LUCIEN

Vous n'avez pas pu tout vous dire, vous ne savez rien. Moi je sais. Je sais tout, moi! Je suis instruit! Elles m'ont coûté assez cher, mes chères études! Et je paie encore. J'ai dû m'inscrire à tempérament. Payable toute la vie... Seulement, je peux parler maintenant. En amour, j'ai ma licence! Je suis reçu docteur-cocu, moi! Je fais autorité! Ne faites pas ça, mon vieux. C'est perdu d'avance.

FRÉDÉRIC

Pourquoi?

LUCIEN

Pour rien! Parce que c'est une femme. Parce qu'on est seul au monde. Parce qu'un soir, dans un mois, dans un an, dans dix ans où vous croirez tenir votre petit copain dans vos bras, vous vous apercevrez que vous êtes comme les autres. Que vous ne tenez qu'une femme, que vous ne tenez rien.

FRÉDÉRIC

Assez maintenant. Taisez-vous, vous aussi.

LUCIEN

Epousez Julia. Ayez des enfants. Devenez un
homme à métier, un homme à argent, un homme à
bonne amie, plus tard, personne ne vous en voudra,
un vrai homme. Ne faites pas le malin. C'est si
simple d'être heureux! Il y a des formules et les
hommes ont passé des siècles à les mettre au point.
Trichez, mon vieux; trichez avec tout, avec vous
surtout. C'est le seul moyen pour que l'autre là-
haut vous laisse tranquille. Il a un faible pour les
tricheurs ou il est myope, ou bien il dort. (*Il montre
le père.*) Il dort comme celui-là; la bouche ouverte
et quand on ne fait pas trop de bruit, il laisse faire...
Seulement, il a un nez, un terrible odorat et
l'odeur, rien que l'odeur de l'amour, il la sent. Et il
n'aime pas ça, pas ça du tout, l'amour. Alors il se
réveille et il se met à s'occuper de vous. Et ça saute,
comme au régiment. Demi-tour! Faut pas faire le
malin avec moi, mon lascar! Aime pas les mauvaises têtes! En ai maté d'autres! Serez cocu!
Comment? Comment? N'êtes pas content? Z'en
crèverez! ça vous apprendra! La mort! La mort!
La mort! La mort! Vous l'avez lue, la petite page
au dos du livret militaire où on la lui promet à
toutes les sauces la mort, à la jeune recrue? C'est ça
l'amour!

> JEANNETTE *paraît avec un manteau,
> un béret et un petit balluchon.*

Voilà. Je suis prête.

FRÉDÉRIC

Venez.

> *Il lui prend la main, ils sortent et s'enfoncent
> dans la nuit. Lucien n'a pas bougé. Il se sert le
> reste de vin, lève le verre au ciel, demande :*

LUCIEN

A leur santé. Tu permets?

LE PÈRE *que le silence réveille
et qui ne veut pas avoir l'air d'avoir dormi.*

Alors où en sommes-nous, les enfants? C'est bientôt fini?

LUCIEN *le regarde, sourit.*

Bientôt, papa. Ça commence.

LE RIDEAU TOMBE

TROISIÈME ACTE

Un pavillon abandonné dans la forêt. La pièce est entièrement vide. Une amorce d'escalier dans le mur au fond. Un canapé renversé par terre. Devant la fenêtre sans carreaux, un rideau sombre qui se gonfle sous le vent. La pièce est dans l'obscurité. On entend la tempête dehors. Jeannette entre avec Frédéric. Ils ruissellent de pluie.

JEANNETTE

Entrons là. Nous serons à l'abri. *(Ils entrent. La porte fermée, calme soudain.)* C'est un pavillon de la forêt abandonné depuis longtemps. Quand je suis surprise par la pluie, je m'y réfugie quelquefois. *(Un temps. Ils sont debout au milieu de la pièce dans l'ombre. Elle murmure.)* Nous serons mieux ici que dans la gare pour attendre le matin.

Un temps. Une rafale soulève le rideau.

FRÉDÉRIC *murmure.*

Quel orage !

JEANNETTE

Oui. Il n'y a plus de carreaux à la fenêtre. *(Un temps encore. Elle ajoute :)* Si vous avez des allumettes, il y a une lampe-tempête, là dans le coin. *(Il lui passe une boîte d'allumettes. Elle allume la lampe.)* Le propriétaire est très gentil. Il sait que je viens ici quelquefois, il me laisse cette lampe.

FRÉDÉRIC

Vous le connaissez ?

JEANNETTE

Un peu. *(Elle maintient avec une planche le rideau que gonfle le vent.)* Si nous allumons, il vaut mieux tirer le rideau, la lumière se voit de loin dans la forêt. *(Il regarde autour de lui. Elle va au canapé et le relève.)* Il n'y a qu'un vieux canapé cassé, mais il tient tout de même debout.

Il a vu l'escalier, il questionne.

FRÉDÉRIC

Et au-dessus ?

Elle a comme une hésitation.

JEANNETTE

Au-dessus, c'est une sorte de grenier. Il y a une vieille paillasse par terre, d'anciens rideaux d'étoffe rouge, tout mités, que j'ai accrochés au mur et une vieille malle qui sert de table. C'est chez moi. J'y couche quelquefois l'été. Je vous montrerai tout à l'heure. *(Un temps. Ils sont en face l'un de l'autre, sans oser bouger. Elle murmure encore.)* Voilà.

FRÉDÉRIC

Voilà.

Un silence. Ils ne bougent pas, gênés. On entend la tempête. Elle répète.

JEANNETTE

On est tout de même mieux ici que dans la gare pour attendre le matin.

FRÉDÉRIC

Vous tremblez?

JEANNETTE

Oui.

FRÉDÉRIC

Vous êtes toute mouillée. Vous avez froid?

JEANNETTE

Non, je n'ai pas froid. C'est mon manteau qui est mouillé. Enlevez votre veste, qu'elle sèche. Je vais vous chercher quelque chose en haut. *(Elle disparaît, légère. On l'entend marcher là-haut. Frédéric enlève sa veste. Elle redescend avec une couverture qu'elle lui jette sur les épaules.)* Là! Vous êtes beau comme cela. Vous avez l'air d'un vieux chef peau-rouge. *(Il a voulu la prendre dans ses bras. Elle s'est dégagée imperceptiblement, elle murmure.)* J'ai peur.

FRÉDÉRIC, *doucement.*

Moi aussi, j'ai peur.

Un petit temps. Elle lui sourit.

JEANNETTE

C'est moi qui vous fais peur avec mes cheveux mouillés? Je suis laide.

FRÉDÉRIC

Non.

JEANNETTE

Ils disent que j'ai l'air d'une folle quand il a plu sur mes cheveux.

FRÉDÉRIC

Qui « ils »?

JEANNETTE

Les autres. *(Elle rectifie.)* Les gens.

FRÉDÉRIC

Vous avez l'air d'une fille des bois.

JEANNETTE

J'aurais bien voulu être une vraie fille des bois, jamais peignée, qui crie des insultes aux gens toute seule en haut des branches. Il n'en a jamais existé vraiment, n'est-ce pas?

FRÉDÉRIC

Je ne sais pas.

Elle lève les yeux sur lui, grave soudain. Elle lui dit.

JEANNETTE

D'ailleurs vous devez aimer les filles aux mèches bien en ordre, qui se brossent longtemps dans leur chambre le matin. *(Elle passe ses doigts écartés dans ses cheveux, puis soudain court à son petit balluchon où elle fouille fébrilement. Elle se relève, dépitée.)* Non, je n'ai pas emporté de peigne. J'achèterai une brosse demain. *(Elle est debout devant lui, elle lui crie soudain.)* Et je serai peignée, bien peignée, peignée comme je n'aime pas et comme vous aimez, peignée comme Julia! *(Ils restent tous deux interdits un instant debout l'un devant l'autre, puis elle baisse les yeux et dit, redevenue humble.)* Je vous demande pardon, mais je voudrais tant être belle. Je voudrais tant vous plaire. *(Un temps encore, elle crie.)* Attendez! Je n'ai pas emporté de peigne, mais j'ai tout de même emporté quelque chose dans ce carton. *(Elle prend un carton mal ficelé qu'elle avait en entrant avec elle et grimpe là-haut. Il reste seul interdit. On l'entend crier de là-haut.)* Ne regardez pas surtout ! Si vous faites un geste, je redescends, et vous ne verrez rien du tout. Je mets longtemps parce que je suis dans le noir.

FRÉDÉRIC

Vous voulez la lampe ?

JEANNETTE

Merci, je n'en ai pas besoin. Ne bougez pas. *(Elle demande.)* C'est ennuyeux d'attendre ?

FRÉDÉRIC

Non.

JEANNETTE

Vous allez être récompensé.

> *Un petit temps de silence où on ne l'entend plus. Et soudain elle paraît dans la lumière fantastique de la lampe-tempête en haut de l'escalier. Elle a passé à la hâte, gardant ses gros souliers de garçon, une insolite et fragile robe blanche. Elle reste immobile une seconde devant Frédéric muet, puis elle crie soudain :*

Voilà. Maintenant, je meurs de honte, je vais l'enlever !

FRÉDÉRIC, *sourdement.*

Non. *(Elle s'arrête. Il demande.)* Vous aviez emporté cette robe dans votre petit paquet ?

JEANNETTE

Pas dans mon petit paquet, non. Dans ce grand carton que je cognais à tous les arbres dans le bois. C'est tout ce que j'ai de précieux au monde.

FRÉDÉRIC

Mais c'est une robe de mariée...

JEANNETTE

Non. Elle est blanche, mais c'est une robe de bal, une vraie robe de bal, comme sur les catalogues... *(Elle se trouble un peu.)* Mais elle n'est pas neuve, vous savez... Je l'ai achetée à un brocanteur qui la revendait pour l'étoffe. J'avais réussi à avoir de l'argent parce que j'avais vendu des œufs de canard sauvage que je vais dénicher dans les roseaux. C'est très rare les œufs de canard sauvage par ici. Les gens les font couver par leurs canes, et cela leur donne une autre race bien plus recherchée... *(Elle a le sentiment qu'il croit peut-être qu'elle ment, elle ajoute.)* J'avais vendu des œufs toute une saison et j'avais tout de même assez d'argent. Parce que, bien sûr, il ne me l'a pas donnée pour rien cette robe, le marchand. D'autant plus qu'elle a l'air presque neuve, maintenant que je l'ai nettoyée. *(Sa voix meurt. Il ne dit rien, il la regarde. Elle murmure, remontant.)* Je vais l'enlever.

FRÉDÉRIC, *sourdement.*

Non. Gardez-la.

Elle descend en silence près de lui sans le quitter du regard. Quand elle est devant lui, après une seconde d'attente, il la prend dans ses bras.

Ça m'est égal si elle est neuve et si quelqu'un vous l'a donnée.

JEANNETTE

Pourquoi ne me croyez-vous jamais? Je suis sûre que vous croyez Julia quand elle vous dit quelque chose.

FRÉDÉRIC

Oui, je la crois.

JEANNETTE

Et pas moi?

FRÉDÉRIC

Non.

JEANNETTE *se détache de lui.*

Alors, allez la retrouver, moi aussi je veux qu'on me croie! *(Elle revient dans ses bras.)* Non. Ne bougez pas. Je vais vous dire. Asseyez-vous. *(Elle le fait asseoir et s'assoit à ses pieds.)* Ce n'est pas avec des œufs de canard sauvage naturellement que je l'ai achetée. Il m'en aurait fallu beaucoup trop. Mais c'est tout de même vrai pour une petite partie de la somme. Pour le reste, je ne voulais pas vous le dire, parce que je ne savais pas si cela vous ferait plaisir. Papa avait mis des couverts d'argent au Mont-de-piété depuis très longtemps. Il renouvelait toujours, mais cela allait venir à expiration. Je lui ai volé la reconnaissance au milieu des autres. Il en a tout un tiroir plein. J'ai dégagé les couverts — avec l'argent des canards sauvages, précisément — et je les ai vendus pour m'acheter cette robe. Lui, il n'aurait jamais eu assez d'argent pour les dégager, et il les aurait perdus, ses couverts. D'ailleurs, comme il me restait quelque chose, je lui ai acheté une boîte de cigares. Une petite boîte parce que la robe coûtait très cher. *(Un temps, elle ajoute.)* Car je peux bien vous le dire, maintenant que vous savez comment j'ai eu l'argent. Je l'ai achetée neuve dans un grand magasin de Paris. Je l'ai choisie sur le catalogue et ils me l'ont envoyée par la poste. Voilà. *(Un temps encore, elle demande.)* Vous êtes triste?

FRÉDÉRIC

Non.

JEANNETTE

Vous me croyez maintenant?

FRÉDÉRIC

Oui.

JEANNETTE *soupire, la tête sur ses genoux.*

C'est si simple de dire la vérité, mais on n'y pense pas.

FRÉDÉRIC, *gentiment.*

Pensez-y, s'il vous plaît, pour que je n'aie pas trop mal.

Un silence. Elle demande.

JEANNETTE

Ce n'est pas une femme comme moi que vous auriez rêvée, n'est-ce pas?

FRÉDÉRIC

Non. Pas tout à fait.

JEANNETTE

Et pourtant c'est moi qui suis là ce soir, la tête sur vos genoux.

FRÉDÉRIC

Oui. C'est vous.

JEANNETTE

C'est ce qu'on appelle la fatalité, je suppose?

FRÉDÉRIC

Je suppose, oui.

JEANNETTE *a un soupir d'aise.*

C'est bon la fatalité.

FRÉDÉRIC *dur, après un temps.*

Oui. C'est bon. Julia est là-bas qui pleure dans sa chambre vide et tout est dévasté et remis en question, mais c'est bon. Et cette chose qui s'est brisée dans moi et qui me fera toujours mal maintenant est bonne aussi. Tout est bon. Tout est indulgence terrible, douceur épouvantable.

JEANNETTE

Et que je sois comme je suis?

FRÉDÉRIC

C'est bon aussi. C'était ce qu'il y avait de plus simple, sans doute, que nous ne soyons pas faits l'un pour l'autre et pleins de tant de contradictions tous les deux. Et qu'il ait fallu que j'aime d'abord Julia pour que je vous rencontre à travers elle — vous qui lui ressemblez si peu.

Un silence, elle murmure tendrement.

JEANNETTE *sourit.*

Tout petits non plus, nous ne devions pas nous ressembler beaucoup.

FRÉDÉRIC *sourit aussi.*

Non.

JEANNETTE

Vous étiez premier à l'école, vous?

FRÉDÉRIC

Oui.

JEANNETTE

Je vous vois, bien propre, avec votre cartable. Moi j'étais sale, dépeignée, pleine de taches, avec les cheveux sur les yeux. J'étais la dernière de la classe et je manquais tout le temps l'école pour aller courir dans les bois avec des voyous.

FRÉDÉRIC *a un sourire, lui caressant la tête.*

Je vous vois!

> *Un silence. Elle soupire encore.*

JEANNETTE

Je suis bien avec votre main sur moi. Je suis comme un cheval qui sait qu'il ne bronchera plus. Quelle douceur soudain autour de nous... Est-ce que la pluie s'est arrêtée?

FRÉDÉRIC

Je ne sais pas.

JEANNETTE, *après un temps encore.*

C'est comme si quelque chose se déchirait doucement dans moi. Il me semble que je ne vous ferai jamais de mal. Vous croyez que c'est cela qu'ils appellent la tendresse?

FRÉDÉRIC

Je ne sais pas.

JEANNETTE

Moi non plus, je ne savais pas. J'avais seulement lu dans les livres. Je croyais que cela ne venait qu'au bout de très longtemps.

FRÉDÉRIC

Nous avons dû faire vite.

JEANNETTE, *doucement.*

C'est trop vite, n'est-ce pas? Il me semble que j'ai le droit de vous désirer, d'être heureuse dans vos bras, mais pas de vous aimer de cette façon. Il me semble que je vole quelque chose.

FRÉDÉRIC, *doucement*.

Je me disais, elle sera grave et habillée de noir comme les filles de mon pays. Un visage lisse aux yeux clairs sous des cheveux bien tirés, un petit compagnon qui portera son sac à côté de moi, sans se plaindre. Eh bien, non. C'était vos yeux où je n'ose pas plonger, c'était vos mèches, votre air voyou et vos mensonges : c'était tout ce que je n'aimais pas que j'aimais.

JEANNETTE *demande, craintive*.

Et si je ne mentais plus? Si je me tirais bien les cheveux?

FRÉDÉRIC *continue*.

Je me disais : j'aurai deux enfants. L'aîné s'appellera Marc, il sera terrible et la petite après, Marie, et elle sera douce comme un oiseau. Et le soir, quand je rentrerai, j'épellerai avec eux sur le livre. Eh bien, non, il n'y aura pas de soirs calmes, c'est tout simple, pas d'alphabet sous la lampe et de petits regards attentifs... Il y aura nos chambres d'hôtel vides, vos mensonges — nos scènes, notre mal.

JEANNETTE

Pourquoi dites-vous cela si doucement?

FRÉDÉRIC

Parce que c'est doux. Pas de la même douceur que ce que j'espérais, mais d'une autre... Ce qui est doux, c'est d'être arrivé quelque part, fût-ce au bout du désespoir, et de dire : Ah! bon, c'était là. Je suis arrivé maintenant.

JEANNETTE

Et vous croyez que nous sommes arrivés?

FRÉDÉRIC

Oui. Cette fois, nous y sommes. Cela a été long et quel drôle de chemin!... Mais j'ai votre chaleur contre moi et ces minutes où nous attendons de nous prendre ont comme un goût de fiançailles. C'était bien là.

JEANNETTE *demande.*

C'était bien moi?

FRÉDÉRIC *a un sourire, un geste.*

Il faut le croire...

JEANNETTE *demande encore.*

Et c'est trop tard maintenant? Tant pis pour ce que vous auriez voulu? Vous êtes responsable? Et si j'ai mal il faudra avoir honte aussi, et si j'ai de la peine, de toute façon, c'est la moitié pour vous?

FRÉDÉRIC

De toute façon.

JEANNETTE *dit soudain, après un petit temps.*

Je comprends qu'elles soient graves...

FRÉDÉRIC

Qui?

JEANNETTE

Les vraies fiancées... (*Elle se lève soudain.*) Mais ce que je ne comprends pas, c'est qu'après, elles, elles mentent. C'est qu'après elles se chuchotent des histoires dans les cuisines. Si j'avais juré une fois comme cela, moi, tout en blanc avec mon bouquet dans l'église, si j'avais dit à un garçon : à partir de maintenant je suis ta femme, on partage : le bien et le mal, c'est pour nous deux. Ce serait comme un soldat avec son capitaine, et on pourrait plutôt me couper le bras! *(Elle s'est retournée, elle crie.)* Pourquoi parlez-vous toujours de Julia?

FRÉDÉRIC *balbutie.*

De Julia? Qu'ai-je dit?

JEANNETTE *crie.*

Vous ne vous entendez pas? Chaque fois que vous vous taisez, vous criez « Julia »... Chaque fois que vos yeux se posent sur moi, c'est elle qu'ils regardent et, malgré moi, je me retourne... Puisque vous le savez que je ne lui ressemblerai jamais! Puisque vous le savez que je suis son contraire! Regardez-moi, c'est moi qui suis là, moi, pas une autre, avec ce que j'ai de mal et ce que j'ai de bien dans un petit nœud inextricable. Et il faut me prendre sans le dénouer! *(Elle se jette soudain dans ses bras comme une enfant, criant.)* Ah! si vous pouviez prendre votre couteau dans votre poche et ouvrir tout de suite mon cœur en deux, vous verriez comme c'est propre et rouge dedans...

FRÉDÉRIC *la serre contre lui,*
vaincu, il murmure.

Comme il bat vite...

JEANNETTE

Vous l'entendez? Ah! Si je mens encore, si je m'embrouille, si je ne peux pas dénouer tous ces fils qui me collent, pauvre mouche, si je ne trouve pas bien les mots, si je vous fais mal et si je suis injuste, pensez à lui au moins, dans sa prison, et à son impuissance... Parce que c'est moi qui parle, et moi, c'est encore ma ruse, ou ma méchanceté, ou mon orgueil, moi, c'est une femme avec tout ce qu'elle a fait derrière elle et tout ce qu'elle est peut-être encore capable de faire, mais lui, c'est comme une bête qui ne sait que sauter pour se faire comprendre. Et il saute, il saute vers vous! Vous le sentez à travers moi? Alors, même si je m'éloigne, même si je me moque, même si j'ai l'air de vouloir vous faire du mal, écoutez-le, lui, lui seulement — et pas moi. *(Elle se serre contre lui.)* Là. Maintenant serrez-moi bien fort, car je ne vais pas avoir trop de votre force avec la mienne.

> *Elle se détache soudain, court à la fenêtre ouvrir le rideau et la porte toute grande sur la nuit.*

FRÉDÉRIC

Qu'est-ce que vous faites?

JEANNETTE

J'ouvre tout pour que la lumière se voie de loin dans la forêt.

FRÉDÉRIC

Pourquoi?

JEANNETTE

Parce qu'il ne sera pas dit que j'aurai donné moins que les vraies fiancées. Et puisque c'est pour le meilleur et pour le pire tous les deux, cela peut bien commencer tout de suite, n'est-ce pas? C'est comme la course à la nage à travers la baie le 14 juillet. Il y en a toujours un qui reste. Mais ceux qui ne sont pas de taille, ils n'ont qu'à ne pas s'engager.

> *Elle est contre la porte ouverte, dans le vent, exaltée.*

FRÉDÉRIC

Fermez cette porte. La lampe va s'éteindre.

JEANNETTE

Nous la rallumerons. Nous la rallumerons

jusqu'à ce qu'un homme qui erre en ce moment
dans ce bois comme un vieux hibou noir et triste
voie la lumière entre les branches et vienne cogner
aux carreaux. *(Frédéric a fait un pas, il s'arrête, elle
continue.)* Il sait qu'il m'a perdue. Il me cherche,
j'en suis sûre. Mais c'est une brute, il est laid, il a
honte, il n'osera pas entrer peut-être. Alors, qu'il
n'entre pas — merci ! mais que moi j'aie tout fait
pour qu'il vienne. C'est comme le jugement de
Dieu dans le livre, à l'école : le coupable et
l'innocent ; il fallait tous deux qu'ils tiennent le fer
rouge ; après cela il n'y avait que le courage et la
chance... Cela valait bien un autre procès.

FRÉDÉRIC

Pourquoi voulez-vous que je voie cet homme ?

JEANNETTE, *doucement.*

C'est comme une opération, Frédéric. Et si je ne
perds pas trop de sang, si je ne suis pas trop
défigurée, il y aura peut-être une petite chance
pour que je vive. *(Elle ajoute, grave.)* Seulement
après je veux que vous m'aimiez comme Julia.

FRÉDÉRIC

Si cet homme entre ici, si je le vois en face, je ne
pourrai peut-être plus vous aimer.

JEANNETTE

Je le sais. Pour le fer rouge non plus, on n'était
jamais sûr qu'on ne mourrait pas de la brûlure.
Mais il fallait le prendre tout de même à pleines
mains.

> *Ils regardent tous deux vers la porte ouverte
> sur la nuit. Lucien paraît soudain, ruisselant de
> pluie.*

LUCIEN

Excusez-moi. Je vous dérange. Nous nous serons beaucoup promenés sous la pluie ce soir, tous. Un drôle de temps pour une idylle! *(Il referme la porte.)* C'est Azarias qui m'envoie. Il est là. Il n'ose pas entrer, c'est un timide. Mais ce n'est pas un mauvais garçon et il faut croire qu'il t'aimait. Il te fait dire que tu peux garder la robe. *(Jeannette n'a pas bougé. Frédéric se retourne vers elle en silence... Lucien ouvre un carton qu'il tenait à la main en entrant et ajoute.)* Et il t'envoie le voile que tu avais oublié.

> *Il dépose tranquillement le grand voile de tulle blanc sur une chaise. Jeannette dit doucement dans le silence.*

JEANNETTE

Oui. C'était une robe de mariée.

FRÉDÉRIC

Et c'est lui qui vous l'avait donnée?

JEANNETTE

Oui, hier.

FRÉDÉRIC, *après un silence.*

Pourquoi avez-vous emporté cette robe?

JEANNETTE, *comme une enfant.*

Je n'avais que cela de beau.

> *Ils sont l'un en face de l'autre, muets, immobiles.*

LUCIEN *sourit.*

Cela vous dépasse, jeune homme? Soyez juste. Elle partait avec vous pour le grand amour et pour toujours. Avouez que c'était le moment ou jamais de faire un brin de toilette! C'est une idée d'homme de se demander qui l'avait achetée, cette robe... Azarias est riche et il l'aime, et elle le quitte pour vous ce soir, sans rien regretter... Et il ne faut pas croire qu'elle allait le retrouver pour ses quatre sous. Ce n'est pas une putain, ma sœur... Elle allait le retrouver parce que cela lui plaisait, et elle part avec vous parce que cela lui plaît davantage... Seulement elle emporte sa robe — voilà tout.

JEANNETTE, *doucement*.

Je te hais, Lucien.

LUCIEN

Oui. Je joue un mauvais rôle. J'avoue que tout cela n'est pas très brillant. (*Il les regarde, muets, désemparés tous les deux. Il ricane.*) Pauvres agneaux! Vous me faites pitié. Ça veut la vérité, rien que la vérité, toute la vérité, et quand ça se trouve en face d'elle, ça se tait et ça a envie de pleurer. Il faut être cuit et recuit comme moi pour la saluer, cette dame.

FRÉDÉRIC *demande soudain*.

Pourquoi m'avez-vous menti?

JEANNETTE

Vous aviez vu qu'elle était neuve, alors j'ai compris que je ne pourrais jamais vous le dire.

FRÉDÉRIC *crie*.

Me dire quoi? qu'il vous l'avait donnée la veille?

JEANNETTE

Oui.

FRÉDÉRIC

Mais vous l'avez emportée tout de même?

JEANNETTE

Oui. *(Un temps.)*

FRÉDÉRIC *crie, soudain désespéré, tombant assis
sur le canapé, la tête dans ses mains.*

Je ne peux pas comprendre.

LUCIEN, *doucement.*

Comprendre quoi? Ce qui se passe à ces
moments-là dans ces fragiles petites carcasses?
Personne n'a jamais compris. Même pas elles. En
quoi croyez-vous donc que c'est fait les femmes?
En acier, en platine, en diamant? On n'en sait pas
long dans le notariat! *(Lucien s'assoit à côté de
Frédéric, soudain fatigué.)* Ah! on a bonne mine
avec nos histoires d'homme! On a bonne mine à
expliquer qu'on est des savants, des guerriers, des
poètes, qu'on veut vivre libres ou mourir — qu'on
a des idées générales! Il s'agit bien de ça! *(Il
regarde fixement une gravure accrochée au mur, de
travers, en face de lui. Il se lève et va la redresser.)*
Ce pavillon nous a beaucoup servi à souffrir dans la
famille. Quand j'ai été abandonnée par ma femme
je suis venu souvent me cacher ici. Et un jour, à
force de regarder le mur sans rien voir, j'ai
découvert cette gravure qui pendait de travers au
milieu du panneau. La vitre est sale et on ne voit
pas très bien. C'est la femme de Poetus, un
condamné à mort de Néron. Elle vient de prendre
l'épée des mains du centurion et, comme Poetus
hésitait, elle s'est frappée la première et elle tend le
fer à son mari avec un bon sourire en lui disant:
« Non dolet. »

Frédéric *a jeté un coup d'œil et est retombé la
tête dans ses mains. Jeannette regarde intensé-
ment la gravure, elle demande.*

JEANNETTE

Qu'est-ce que ça veut dire « non dolet »?

LUCIEN

Ça veut dire « ça ne fait pas de mal ». C'est fait
dans le goût du Premier Empire... Elle n'est pas
bien belle la femme de Poetus, un peu gironde
peut-être, pour des petits délicats comme nous...
Mais tout de même... *(Il soupire mi-rêveur, mi-
goguenard.)* Sacré Poetus!

JEANNETTE *dit soudain, sourdement.*

Frédéric, je veux tout de même vous dire
quelque chose. C'est moi qui ai ouvert cette porte
sur la nuit pour que cet homme entre et qu'il vous
dise à peu près tout ce que Lucien vous a dit : je
suis une menteuse, c'est vrai, et je ne vaux pas bien
cher. C'est vrai aussi, j'ai emporté cette robe... *(Un
petit temps, elle continue avec effort :)* Lucien a parlé
et Julia, votre mère, et maintenant les dames
romaines aussi, sont contre moi! Toutes celles qui
ont été fortes et pures... Et bien, moi, je pouvais
aussi — et plus qu'elles! Moi aussi je pouvais être
votre femme!

LUCIEN *ricane.*

Sa femme, toi? Ne me fais pas mourir de rire!
Regarde-le. C'est dur, c'est franc, c'est solide. C'est
du vrai pioupiou bien français. Ça claque de bons
sentiments. Sa femme, toi? Tu as eu envie de lui, il
a eu envie de toi. Bonne chance!... Amusez-vous et
faites vite! Mais ne construisez pas une cathédrale
là-dessus!

JEANNETTE

Et si j'étais devenue en un soir tout ce qu'il
aime? Si tout d'un coup je n'étais plus ni la paresse,

ni le mensonge, ni le désordre. Si j'étais devenue le
courage et l'honneur?

LUCIEN *éclate de rire.*

Toutes les mêmes! Toutes les mêmes! Ça vous
tue papa et maman un beau soir dans le potage
pour suivre le petit jeune homme, c'est prêt à voler
pour lui, à se vendre au coin des rues, à descendre
aussi bas qu'il faut. Mais s'il préfère la pudeur, le
cher ange, s'il préfère le sentiment et la vertu, il n'a
qu'à le dire! C'est si simple! Elles peuvent aussi,
c'est la même chose! Et sincèrement! Se refuser et
baisser les yeux, et rougir si on ose un mot devant
elles, et être sublimes. Elles peuvent tout! Elles
peuvent tout tant que cela dure!

JEANNETTE

Oui, je peux tout! oui, je peux tout!

LUCIEN

Seulement, ce qu'elles ne peuvent pas précisément, c'est que cela dure!

JEANNETTE

Tu mens!

LUCIEN

Ce qu'elles ne peuvent pas, c'est que cela soit
vrai encore demain! Elles sont honnêtes au jour le
jour. C'est leur façon à ces mignonnes. Et le
malheur, c'est que nous n'avons pas besoin d'autre
chose que de demain, nous autres. Ça nous est bien
égal, cet amour pour aujourd'hui qu'elles nous
offrent. Il n'est rien si demain n'est pas sûr. C'est
pour cela que nous crevons dans le bonheur, à côté
d'elles, invivables, jusqu'à ce qu'elles nous quittent
enfin un jour, lassées, nous laissant tous les torts.

JEANNETTE

Lui sera heureux! Lui, me croira! Toi, tu n'as
pas pu croire Denise, mais je lui donnerai tant qu'il
me croira!

LUCIEN

Qu'est-ce que tu lui donneras? Tu n'as rien à
donner. Vous n'avez rien à donner toutes autant
que vous êtes, que votre corps pour une minute et
vos petits états d'âme fugitifs.

JEANNETTE

Ce n'est pas vrai!

LUCIEN

Et lui non plus n'a rien à te donner. Vous êtes
des amants. Vous avez joué la carte de l'amour.
Vous pouvez la danser jusqu'au bout la danse
maintenant. Vous jeter à l'eau de désespoir, vous
tuer l'un pour l'autre, vous soigner lépreux, vous
vendre. Frimes! mirages! apparences! Vous n'avez
rien à donner... Vous avez choisi l'amour, vous avez
choisi de prendre toujours et de ne penser qu'à
vous.

JEANNETTE

Ce n'est pas vrai!

LUCIEN

Si! Vous avez choisi l'amour, vous êtes là pour
vous haïr... Vous êtes là pour vous venger, vous ne
saurez jamais de quelle offense. Et pas la peine de
se frapper le cœur, c'est la loi depuis toujours,
depuis qu'il y a des hommes et des femmes et que
l'amour les colle un matin deux à deux, comme des
mouches.

JEANNETTE

Non!

LUCIEN

Si! Et vous allez peut-être partir dans le monde tout à l'heure tous les deux, la main dans la main, mais vous épiant comme deux ennemis dans le désert. Et les gens diront : le joli couple! comme ils s'aiment! Le joli couple d'assassins, oui! Prêt à tout, mes bonnes dames. Griffes dehors et la dent longue! Il faut qu'il y en ait un qui ait la peau de l'autre et le plus vite sera le mieux! Voilà ce que c'est votre amour!

JEANNETTE *est retombée sur le canapé à côté de Frédéric.*

Ah! tu es trop laid! tu es trop laid!

LUCIEN *s'est rapproché, il reprend plus doucement*

Qu'est-ce que tu crois donc? Philémon et Baucis sur demande? Un forfait? La tendresse, le dévouement, la confiance, tout cela du jour au lendemain. Cela se paie jour après jour, ma petite, avec de la sueur, avec de l'ennui, des petites misères et de la peur ensemble. Cela se paie avec des enfants qui ont la fièvre et qu'on ne sait pas s'ils ne vont pas mourir, avec des nuits et des nuits côte à côte où l'on s'écoute respirer l'un l'autre, avec des rides qui vous viennent en même temps.

JEANNETTE

J'aurai des rides! Je serai vieille. On dira : voilà les deux vieux! Et quand il mourra, je mourrai le lendemain.

LUCIEN, *un peu las, est tombé assis près d'eux,*
lui aussi, il grommelle.

Mourir, mourir... Mourir, ce n'est rien. Commence donc par vivre. C'est moins drôle et c'est
plus long.

JEANNETTE

Tu dis tout pour nous empêcher de vivre.

LUCIEN, *étrangement fatigué soudain.*

Mais non, pour vous empêcher de mourir, idiote.
Tu confonds tout.

Il y a un petit silence. Ils sont assis tous les
trois bien sages, les uns à côté des autres,
regardant droit devant eux.

JEANNETTE *reprend, doucement, humblement.*

Tu hais l'amour. Mais les femmes que tu as
connues ne sont pas tout. Tu ne les as pas
rencontrées toutes. Y en a-t-il qui aient aimé de
toutes leurs forces et pour toujours? Y en a-t-il
une?... S'il y en a une, moi aussi, je pourrai.

LUCIEN

Je n'ai jamais su son adresse.

JEANNETTE

Celle que tu expliquais là, sur l'image, celle-là,
elle a aimé?

LUCIEN

La femme de Poetus?

JEANNETTE

Je ne sais pas. Oui. Qu'est-ce qu'elle a dit celle-là
en prenant le couteau avant son mari pour lui
donner du courage?

LUCIEN

Non dolet.

JEANNETTE *répète.*

Non dolet. Et cela ne voulait pas dire qu'elle l'aimait, non dolet?

LUCIEN

Si. Sans doute.

JEANNETTE *se lève.*

Alors si ce n'est pas plus difficile que ça.

LUCIEN

Où vas-tu?

JEANNETTE

Enlever cette robe. *(Elle disparaît dans l'escalier.)*

LUCIEN, *quand ils sont seuls.*

Moi, je vous ai dit tout ce que je savais. Je vous ai mis au courant de mes petites expériences. Maintenant, mon vieux, il vaut peut-être tout de même mieux que vous jugiez par vous-même.

> *On entend un bruit de carreaux cassés là-haut.*

LUCIEN *lève la tête.*

Qu'est-ce qu'elle fait maintenant, cette folle? Elle casse les carreaux?

> *Un instant encore, puis Jeannette reparaît toute pâle dans sa robe blanche; elle tend à Frédéric son bras blessé dont le sang jaillit d'une large entaille.*

JEANNETTE

Tenez. Ça ne fait pas de mal. Je ne sais plus comment elles disent en latin.

*Les deux hommes se sont levés. Il y a un
moment de stupeur, puis Frédéric se jette sur elle
et lui enveloppe le bras de son mouchoir; il
l'embrasse, balbutie.*

FRÉDÉRIC

Jeannette, mon amour... Pardon. Je vous croirai.
Je vous croirai toujours!

*Ils sont embrassés. Lucien lève les bras au ciel.
Il clame.*

LUCIEN

Bon! Si elles se mettent à se couper les bras
maintenant, qu'est-ce que vous voulez qu'on leur
réponde?

*A ce moment la porte s'ouvre, le vent
s'engouffre à nouveau dans la pièce, la lumière
s'éteint presque, le vieux facteur est sur le seuil
sous la pluie, hésitant.*

LE FACTEUR, *doucement.*

Les enfants, les enfants!

LUCIEN *va à lui, criant.*

C'est pour moi, facteur?

LE FACTEUR

Non, gamin. C'est ton père qui m'envoie te dire
d'aller au bourg tout de suite prévenir Corniau. Ils
sont inquiets chez toi. Il y a ta sœur qui a bu
quelque chose. Ils croient qu'elle s'est empoison-
née.

*Frédéric s'est séparé de Jeannette. Lucien se
retourne vers lui.*

LUCIEN

Rentrez. Moi je prends la voiture d'Azarias et je

ramène le médecin. *(Frédéric n'a pas bougé tout de suite. Il va à lui, lui prend le bras.)* Allez, vite. Cette fois, c'est du vrai poison.

Il est sorti entraînant Frédéric. Le facteur les suit, laissant la porte grande ouverte. Il y a un long silence. Jeannette reste seule sans bouger dans le vent qui s'engouffre, toute petite dans sa robe blanche, ses bras serrés autour d'elle. Elle détourne la tête soudain, regarde dehors et murmure :

JEANNETTE

Tu peux entrer maintenant.

Un homme, une ombre, paraît sur le seuil dans sa pèlerine ruisselante de pluie. Au moment où cette ombre s'avance dans la pièce, le rideau tombe.

LE RIDEAU TOMBE

QUATRIÈME ACTE

Même décor qu'au premier acte. La fin de l'après-midi, une semaine plus tard. Frédéric est étendu sur le canapé, la tête dans ses bras. Le père fait les cent pas et l'observe, l'air hostile. Entre Lucien, le père va à lui.

LE PÈRE

La voiture est là?

LUCIEN

Oui.

LE PÈRE

Bon. *(Il le prend un peu à l'écart.)* Je ne te cacherai pas que je ne suis pas fâché de les voir déguerpir. Huit jours! Voilà un garçon qui est reçu chez nous et qui n'a pas desserré les dents depuis huit jours. Moi, je suis de la vieille école : politesse d'abord. Ma fiancée aurait pu être à l'agonie, homme du monde avant tout, j'aurais soutenu la conversation. Lui, rien.

LUCIEN

Tu as une conversation qui se soutient toute seule.

LE PÈRE

Julia a manqué mourir. Soit! Depuis hier, elle est sauvée... Je me suis dit, maintenant il va faire un effort. Toujours rien!

LUCIEN, *doucement.*

Lui, n'est peut-être pas sauvé.

LE PÈRE

Je suis ravi qu'il nous débarrasse le plancher, je ne te le cache pas. J'aime mieux parler carrément tout seul. Au moins, on sait où on va. *(On entend une musique au loin. Il crie soudain :)* Faites taire cette musique!

LUCIEN

Impossible.

LE PÈRE

J'ai l'air calme, mais je suis à bout de nerfs.

Il se carre tranquillement dans son fauteuil et allume un cigare. Lucien se rapproche de Frédéric.

LUCIEN

Pas très délicat, il faut en convenir, le coup de l'orchestre. Ce que vous ne savez peut-être pas, c'est que, logiquement, nous ne devrions pas l'entendre, le château est trop loin. Elle a dû le faire mettre au bout du parc pour être sûre que nous l'entendrions. Ça doit être un très beau mariage. Il y a cinq Citroën devant la grille. M. Azarias a des relations.

LE PÈRE, *dans son coin.*

Même pas un faire-part. *(Un temps, il demande,*

détaché.) Où crois-tu qu'ils ont commandé le repas?

LUCIEN

Chez Biron.

LE PÈRE, *méprisant*.

Peuh! Classique. Quenelles de brochet, côtes d'agneau, poulardes. C'est comme si je le mangeais!

LUCIEN

Alors, de quoi te plains-tu?

LE PÈRE

Du geste.

LUCIEN

Tu le digéreras aussi.

LE PÈRE

Jamais! Je suis bon garçon, mais je suis un éléphant. Je ne pardonne pas. Je ne dis rien, on me croit bonhomme, cinquante ans après, je blesse mon cornac. *(Il continue.)* Fromages, bombe glacée, gâteau moka, champagne. C'est un homme qui ne connaît qu'un menu. S'ils avaient daigné me consulter, je leur aurais dit : allez chez Thomas. Il n'y a que Thomas dans ce pays pour vous faire manger. Œufs mimosa, homard Thermidor, épaule farcie... C'était magnifique!

LUCIEN

Pour toi, c'était pareil.

LE PÈRE, *ulcéré*.

C'est juste. *(Un temps, il demande.)* Crois-tu que j'aurais pu la mettre s'ils m'avaient invité?

LUCIEN

Quoi?

LE PÈRE

Ma jaquette.

LUCIEN

Certainement.

LE PÈRE

Cela aurait été leur faire beaucoup d'honneur.
Cet Azarias après tout, j'ai connu son père.

LUCIEN

Maintenant il connaît ta fille. Vous êtes quittes.

LE PÈRE

Tu prends tout à la farce. Moi, c'est gravé là. *(Il
se touche le front, la musique joue plus fort, il se lève
et crie.)* Fais taire cette musique!

LUCIEN

Fais-la taire toi-même.

LE PÈRE

Ils seraient trop contents! Ils peuvent jouer huit
jours, je ferai la sourde oreille pendant huit jours.
Les musiciens seront fatigués avant moi. Qu'est-ce
que tu crois que cela leur coûte un orchestre pareil
pour une journée? Ils sont au moins six. Mets une
centaine de francs par bonhomme, tu vois où cela
les mène leur petite plaisanterie?

Il est passé dans le jardin.

LUCIEN *est revenu à Frédéric.*

C'est qu'elle voulait que nous l'entendions son
mariage, que Julia l'entende dans son lit et la belle-

maman dans la cuisine et tout le village. Les
cloches ce matin, ça ne lui a pas suffi. Elle a mis des
crincrins dans les bosquets. Elle doit les haïr, tous,
là-bas, mais je la vois au milieu de la fête. Jusqu'au
matin, elle fera danser son monde. Elle va les
vanner, en notre honneur.

FRÉDÉRIC

Julia va se lever. Dans une heure, nous serons
partis.

LUCIEN

Nous tâcherons de le lui faire savoir. Cela nous
vaudra peut-être un peu de calme. J'imagine que
ces flots d'harmonie vous sont particulièrement
destinés.

FRÉDÉRIC

Peut-être.

LUCIEN

Elle veut être bien sûre que vous aurez mal en
même temps qu'elle. Elle vous adore, cette petite.
Vous avez vu comme elle s'est gentiment coupé le
bras? Tenez. Je ne sais plus comment elles disent
en latin. Elle nous a fait une entrée admirable!

FRÉDÉRIC

Alors, pourquoi? pourquoi, tout de suite après?

LUCIEN

Vous êtes incorrigible, mon vieux! Vous voulez
tout savoir. Il faut perdre cette mauvaise habitude.
Personne ne le saura jamais, pourquoi. Même pas
elle. *(Frédéric est retombé la tête sur les coussins.)*
Cela fait mal, n'est-ce pas, au début? On croit
qu'on ne pourra pas supporter cette plaie une
minute. Il faudrait qu'on crie, qu'on casse quelque

chose. Mais casser quoi? Pas elles, on ne peut pas. Les meubles? c'est grotesque. C'est quand on comprend qu'il n'y a rien à casser qu'on commence à devenir un homme. (*Un temps, il est venu s'asseoir près de lui.*) On vit très bien avec une douleur, vous verrez, une fois que la connaissance est faite. On lui découvre des subtilités, des replis. On en devient le spécialiste. On sait ce qu'il faut lui donner à manger, chaque jour, et ce qui risquerait de la rendre malade. On sait quel souffle l'éveille et quelle musique l'endort. Et puis, plus tard, beaucoup plus tard, quand on sort enfin de sa solitude, quand on peut en parler aux autres, on commence à la faire visiter comme un gardien de musée. On devient le petit fonctionnaire à casquette de sa douleur. Alors on crève tout de même, mais plus doucement.

> *Frédéric se lève comme pour lui échapper, il va regarder par la fenêtre.*

LUCIEN

Ne soyez donc pas si pressé de souffrir! Vous avez toute la vie devant vous. Ce qui est admirable chez le cocu, c'est qu'il a le temps. Je ne parle pas de ces butors qui massacrent au premier soupçon et se font tout de suite sauter la caisse... Je parle des cocus artistes, des bons ouvriers cocus. De ceux qui aiment l'ouvrage bien fait, suivant les règles, comme il se doit.

> *La musique attaque plus fort.*

LE PÈRE *paraît sur le seuil de la porte-fenêtre.*

C'est gai! Ils ont mis des cuivres. Nous n'allons pas fermer l'œil de la nuit.

LUCIEN, *péremptoire.*

De toute façon, papa, nous ne l'aurions pas

fermé! *(Le père est reparti. Lucien se rapproche de Frédéric, soudain âpre.)* L'œil de la nuit... Une drôle d'expression, n'est-ce pas? On l'imagine, bien noir, bien ouvert, qui emplit toute la chambre et vous regarde. Et on n'arrive pas à le fermer. On a beau s'arc-bouter de toutes ses forces, s'accrocher aux bords de l'énorme paupière; l'œil de la nuit est toujours là, béant, qui vous contemple, sans pensées, sans fond, imbécile, un vrai œil d'homme. Vous dormez, vous?

FRÉDÉRIC *hausse les épaules.*

Oui.

LUCIEN *lui crie.*

Vous ne dormirez plus!

FRÉDÉRIC *s'est retourné soudain.*

Où voulez-vous en venir à la fin? Que me voulez-vous?

LUCIEN, *doucement.*

Vous regarder. Vous regarder avoir mal. Cela me fait du bien.

FRÉDÉRIC

Regardez. C'est beau, un homme qui souffre?

LUCIEN

Non. C'est affreux, c'est obscène. Mais quand c'est soi-même dans une glace, c'est pire encore. Parce que moi, je me regardais dans les glaces, des nuits entières, avec mon rictus de noyé, mes yeux d'idiot. Je regardais mon menton trembler, j'attendais comme un chasseur à l'affût, des heures, pour voir si elle allait se mettre à pleurer cette tête à gifles, cette tête de cocu. C'est bon que ce soit un autre, enfin!

FRÉDÉRIC

Regardez-moi vite. Je ne me contemplerai pas longtemps dans les glaces, moi. Je suis un homme et demain, bien ou mal, je vivrai.

LUCIEN *ricane.*

Bon jeune homme !

FRÉDÉRIC

J'irai travailler. J'épouserai Julia. J'ai toute une maison à repeindre, tout un jardin à défricher et du bois à scier pour l'hiver.

LUCIEN, *une confidence en valant une autre.*

Moi, je m'étais mis à faire de la gymnastique. Oui, cette pensée m'était venue. Tout cela n'est arrivé que parce que tu es maigre et parce que tu ne te tiens pas droit. Tout cela est l'absence des boules sur la poitrine et sur les bras qui font les vrais hommes. Pas de muscles, pas de femmes. Tout devenait simple — enfin ! Je partis donc à la conquête des boules. J'achetai un livre : douze francs. Le secret se vendait pour rien. Et tous les matins devant ma fenêtre ouverte, en petit caleçon, plus cocu que jamais, je me mis à faire de la gymnastique suédoise. *(Il se met à faire de la gymnastique.)* Une, deux, trois, quatre ! Une, deux... *(Il s'arrête soudain déjà épuisé.)* Pensez-vous, ce sont des menteurs, c'est très long à venir, ces boules. Et puis, en regardant un peu plus attentivement la tête du professeur sur la couverture, vous finissez par vous apercevoir que, malgré son corps d'athlète, lui aussi il devait être cocu. Un conseil ! commencez tout de suite par le vin rouge. On obtient bien plus vite un meilleur résultat. *(Il se sert, boit et propose à Frédéric.)* Je vous sers ?

FRÉDÉRIC

Non.

LUCIEN

A votre aise! Mais les cocus du genre digne n'ont
qu'un privilège, souffrir deux fois plus. Et puis
quel sens cela peut-il bien avoir un cocu digne? Y
a-t-il des cancéreux nobles, des pestiférés élégants?
Il faut se tordre avec sa colique, cracher bravement
sa bave ou ses poumons, crier quand cela fait trop
mal, se plaindre, embêter tout le monde. Il faut être
un cocu bien ignoble, bien lâche, bien vilain à la
face de Dieu — pour lui apprendre! Moi, le
premier jour, vous savez ce que j'ai fait? Je me suis
laissé tomber de ma chaise, tout d'un coup,
pendant le dîner, et je suis resté par terre pour leur
faire croire que j'étais mort. Pour rien. Pour qu'ils
aient peur, pour qu'il se passe quelque chose. Ils
me tamponnaient les tempes avec du vinaigre; ils
essayaient de me desserrer les dents avec des petites
cuillères, moi, je les entendais se démener et, au
fond de moi, je respirais bien tranquille : je n'étais
pas mort, mais j'étais cocu. Et j'aurais voulu faire
plus fort encore. Me déculotter, pisser sur leur mur,
me passer du noir sur le visage, me promener avec
un grand nez de carton dans les rues pour qu'on
dise : « Qu'est-ce qu'il fait ce jeune homme avec ce
grand nez de carton? » Il ne fait rien, il est cocu.
C'est un nez de cocu!

FRÉDÉRIC

Taisez-vous!

LUCIEN

Je vous gêne? Monsieur veut souffrir à son aise,
souffrir noblement? Monsieur veut faire cocu seul?
Les cocus laids, les cocus bas, c'est pas son monde?
Monsieur est un cocu spécial? On est frères pourtant, Monsieur, on a bu à la même timbale et,
puisque personne ne nous embrasse, il faut bien
qu'on s'embrasse entre nous.

Il veut l'embrasser, bouffonnant ; Frédéric le repousse.

FRÉDÉRIC

Lâchez-moi! Vous êtes ivre. Vous puez le vin.

LUCIEN

Je pue peut-être le vin, mais ivre à cinq heures? Bon jeune homme! C'est comme les petites boules, cela met très longtemps à venir. Tout est long. Non, je ne serai ivre que ce soir, quand je ne dirai plus rien précisément, quand je deviendrai décent. *(Il déclame soudain :)* Le comte s'enfermait tous les soirs seul dans la bibliothèque, et la comtesse, tard dans la nuit, l'entendait remonter l'escalier en titubant!... C'est à jeun, moi, que je titube. Je m'enivre pour pouvoir remonter chez la comtesse, tous les soirs, sans tituber. *(Un petit temps, il ajoute.)* Mais tous les soirs une petite déception m'attend là-haut, à la place de la comtesse.

FRÉDÉRIC, *après un temps.*

Je ne remangerai pas ma douleur, moi, comme un chien sa vomissure, qu'elle saigne une bonne fois et cela sera tout. Ce monde enfantin où vous m'avez entraîné tous les deux n'est pas le mien. Ni mon père, ni ma mère, ni aucun de ceux de mon village n'ont jamais eu le temps d'accorder autant d'attention à leur peine, et leurs enfants mouraient de maladies inconnues, leurs femmes les abandonnaient aussi. Seulement ils avaient autre chose à faire qu'à écouter cette plainte en eux.

LUCIEN

Heureux travaux des champs!

LA MÈRE *entre.*

Julia s'est levée. Le voyage va la fatiguer un peu,

mais elle préfère tout de même partir ce soir. Elle est comme moi, elle n'a qu'une idée, quitter ce pays le plus vite possible.

LUCIEN

C'est pourtant joli à la belle saison!

LA MÈRE *à Frédéric, sans prêter attention*
à Lucien.

Tu es prêt?

FRÉDÉRIC

Oui, maman.

LA MÈRE

Je t'appellerai pour aider Julia à descendre. Je vais lui faire un peu de café. *(Elle est passée dans la cuisine.)*

LE PÈRE *qui est revenu la regarde sortir*
et constate.

Depuis qu'elle a rangé mes buffets, elle me bat froid. Je ne sais pas ce qu'elle a pu y trouver. *(Allant vers Lucien et Frédéric.)* Je vous écoute parler. Je ne vous comprends pas, mes enfants! Vous êtes là à vous torturer, à vous débattre. Moi, la vie et l'amour m'ont toujours paru beaucoup plus simples. Et n'allez pas croire que je n'ai pas aimé. A vingt ans, j'avais trois maîtresses. Une collègue de l'enregistrement, une blonde capiteuse à qui j'en faisais voir de toutes les couleurs, la petite bonne du restaurant où je prenais pension, et une jeune fille d'une des meilleures familles de la ville. Une fille que j'avais eue vierge, mon cher, et qui me recevait la nuit chez elle, à deux pas de la chambre de ses parents. J. P... Excusez-moi de ne vous donner que les initiales. C'est une femme qui a été mariée par la suite à un haut fonctionnaire de l'arrondissement.

LUCIEN

Je l'ai connue, elle était bossue.

LE PÈRE, *vexé.*

A peine. Une légère déformation qui n'enlevait
rien à son charme.

LUCIEN

Elle était laide!

LE PÈRE *convient.*

Elle avait le nez fort. Mais de très beaux yeux!
(Il se rapproche.) Et puis, mon cher, nous sommes
entre hommes, que diable! Moi aussi, j'ai été
gaillard : la bosse, le nez, une fois dans le lit... *(Il a
un geste ignoble.)* Il ne faut pas non plus être
romantique! L'amour c'est un bon moment à
passer. Quand le plaisir est pris... *(Il a un autre
geste, noble, celui-là.)* Attention! Galanterie, politesse exquise. J'ai toujours respecté la femme. Mais
c'est tout. Ce n'est pas cela qui m'aurait fait
renoncer au billard et aux camarades. Je me suis
arrangé pour ne jamais souffrir! D'ailleurs j'avais
un principe. Je filais le premier. Jamais plus de
trois mois! Le terme venu, j'étais impitoyable. J'en
ai vu qui sanglotaient comme des bêtes, qui me
poursuivaient toutes nues dans les rues. Supplica-
tions, menaces, je n'entendais rien, je ne voyais
rien. Une fois, une forte brune, une couturière de
Cahors — une Junon, mon cher, des seins comme
ça —, j'étais sur le seuil, elle bondit dans sa cuisine,
prend la bouteille d'eau de Javel! « Si tu fais un
pas, je bois. » Je suis sorti.

LUCIEN

Et elle a bu?

LE PÈRE

J'en suis persuadé. Je l'ai rencontrée trois semaines plus tard, j'ai trouvé qu'elle avait beaucoup maigri. Mais baste! tout s'arrange! Elle a épousé un gendarme. Maintenant elle a un grand fils coiffeur. Qu'est-ce que vous croyez donc que c'est la vie? L'essentiel est de ne jamais être dupe de rien.

LUCIEN

Et si on a mal?

LE PÈRE *crie, sincère.*

Mais on n'a pas mal! C'est là que je ne vous suis pas!

LA MÈRE *paraît, une tasse à la main.*

Voilà. Je lui monte son café et nous allons partir.

LE PÈRE

Nous vous regretterons beaucoup, belle-maman.

LA MÈRE

La jument trotte bien. Charles assure que nous serons là-bas pour le dîner. Il n'a mis que trois heures pour venir. Il a apporté une couverture, mais j'ai peur que Julia ait froid sur le soir. Je vais en emporter une autre et je vous la renverrai.

LE PÈRE, *grand seigneur.*

Belle-maman, cette maison est à vous!

LA MÈRE

Le mariage aura lieu à la date prévue, mais Julia pense comme moi qu'après ce qui s'est passé, il vaudra mieux n'inviter personne.

LE PÈRE *a un geste.*

La famille...

LA MÈRE

Julia préfère que vous ne soyez pas là, tous les deux.

LE PÈRE *qui n'ose pas comprendre.*

Qui cela tous les deux?

LA MÈRE

Son frère et vous.

LE PÈRE, *décontenancé.*

Mais pourtant, belle-maman, un père...

LA MÈRE

C'est l'oncle de Frédéric qui la conduira à l'autel. Elle ne veut plus avoir qu'une famille maintenant.

LE PÈRE *qui a abdiqué toute fierté.*

Je m'étais justement fait faire une jaquette...

> *La mère ne répond rien. Lucien crie soudain au père.*

LUCIEN

Papa! si j'épouse une négresse, là-bas, moi je t'inviterai! Ce sera magnifique, tu verras. Tout le monde sera nu, tout le monde sera noir, tout le monde puera! Et toi, seul en jaquette, suant au milieu du cortège, ma blonde dulcinée au bras. Nous aussi, on sera dignes, nous aussi on sera entre nous, papa, rien que des nègres!

LE PÈRE *a un geste shakespearien pour sortir.*

Je n'ai plus d'enfants!

LUCIEN

Où vas-tu?

LE PÈRE

Chez Prosper. Prête-moi vingt francs.

LUCIEN

Je t'en donne cinquante, cher roi Lear! que tu te soûles! Cela vaut bien ça.

> *La mère les regarde sortir, hausse les épaules et remonte chez Julia. Frédéric est resté seul. Soudain Jeannette paraît sur le seuil en robe blanche. Elle reste un instant immobile à le regarder, puis, quand Frédéric la voit et se lève, elle dit doucement.*

JEANNETTE

Oui, je me suis mariée en blanc pour faire enrager tout le village. Et puis, il fallait bien utiliser la robe. (*Un instant de silence, il n'a rien répondu, elle demande.*) Vous vous mariez toujours le mois prochain?

FRÉDÉRIC

Oui.

JEANNETTE

Moi, c'est fait maintenant. (*Un silence.*) C'est bon quand les choses sont faites, quand il n'y a plus à se demander ou à retourner en arrière. C'est pour cela que je suis revenue vous dire adieu.

FRÉDÉRIC

Allez-vous-en!

JEANNETTE, *doucement.*

Oui. Ne le dites pas si durement. Je suis déjà partie une bonne fois et pour toujours. Je vous parle du bout du monde en ce moment. Cette rencontre, c'est une petite minute supplémentaire comme le destin en octroie quelquefois, quand les dés sont jetés. Nos deux trains ont pris de la vitesse, ils se croisent et chacun va plus vite d'aller dans l'autre sens. Nous nous faisons un dernier petit sourire par la portière. (*Un temps, elle constate.*) Même pas un sourire.

FRÉDÉRIC

Non.

JEANNETTE

Comme vous êtes grave. Vous ne savez donc pas jouer avec la vie?

FRÉDÉRIC

Non.

JEANNETTE

Moi aussi j'ai mal, mais je joue. Je suis très gaie, là-bas, je les fais boire, je les fais danser. Les invités de mon mari ne tarissent pas d'éloges! Il n'y a que lui qui sait toujours tout d'avance et qui a peur.

FRÉDÉRIC

Peur de quoi?

JEANNETTE

Il est comme un homme qui a gagné à la loterie et qui n'est pas très sûr de son lot.

FRÉDÉRIC

Vous le ferez souffrir lui aussi?

JEANNETTE

C'est fait.

FRÉDÉRIC

Cela vous amuse?

JEANNETTE

Cela m'est égal, je ne le connais pas.

FRÉDÉRIC

Et ce matin, vous avez dit à la face de tous que
vous étiez sa femme?

JEANNETTE

C'est ce qu'ils ont cru entendre, mais je n'ai rien
dit de tel. Ce matin, au curé et à l'autre avec son
écharpe, je n'ai pas dit que je prenais cet homme
pour le meilleur et pour le pire et pour toujours;
j'ai dit que je vous refusais pour la vie et pour la
mort. Oui, c'est étrange. Le prêtre a crié dans
l'église : « Mademoiselle Jeannette Maurin, consentez-vous à ne jamais prendre pour époux Monsieur
Frédéric Larivière? » Et personne ne s'est retourné,
personne n'a trouvé cette phrase insolite, ni qu'on
crie ainsi votre nom au mariage d'un autre. A la
mairie non plus, personne n'a été épouvanté qu'il
ait fallu toute cette mascarade, ce gros monsieur
tricolore, ces fauteuils de distribution de prix et ce
marié harnaché comme un bœuf pour le sacrifice,
rien que pour me dire que je ne vous devrai jamais
obéissance, que je ne serai jamais obligée de vous
suivre partout!

FRÉDÉRIC

C'est ce que les autres ont entendu qui est vrai.
Vous vous êtes liée pour toujours à un autre
homme.

JEANNETTE

Non. Je me suis pour toujours détachée de vous.
Et c'est un sacrement solennel que l'Eglise aurait
bien dû prévoir aussi, avec les autres : le sacrement
de l'abandon. *(Un silence, ils se regardent debout l'un
en face de l'autre, elle ajoute.)* Je suis aussi venue

vous demander pardon pour la peine que j'ai pu
vous faire.

FRÉDÉRIC *a un geste.*

Cela n'est rien.

JEANNETTE

Vous êtes revenu au pavillon dans la nuit?

FRÉDÉRIC

Oui. Dès que le médecin a pu répondre de la vie
de Julia.

JEANNETTE

Et vous m'y avez attendue?

FRÉDÉRIC

Jusqu'au matin.

JEANNETTE, *après un petit temps.*

J'aurais peut-être dû vous laisser une lettre...

FRÉDÉRIC

Peut-être. *(Un temps, il demande.)* Quand je suis
sorti avec votre frère, il y avait un homme derrière
la porte, c'était lui?

JEANNETTE

Oui.

FRÉDÉRIC

Et il est entré dès que nous avons été partis?

JEANNETTE

C'est moi qui l'ai appelé.

FRÉDÉRIC

Pourquoi?

JEANNETTE

Pour lui dire que s'il voulait de moi, je serais sa
femme.

FRÉDÉRIC

Et c'est une chose qui a été réglée tout de suite?

JEANNETTE

Oui. On a même triché un peu pour les bans.
Dans les petits pays, les choses s'arrangent. Je
souhaitais que vous soyez encore là, le jour de mon
mariage.

FRÉDÉRIC

Tout s'est très bien passé. Nous partons seulement tout à l'heure. *(Un petit temps.)* Il ne me
reste qu'à vous souhaiter d'être heureuse.

JEANNETTE, *doucement*.

Vous voulez rire.

FRÉDÉRIC

Je voudrais bien. Cela doit être bon de rire.

JEANNETTE

On le dit.

FRÉDÉRIC *crie soudain*.

Mais je rirai. Demain ou dans un an, ou dans dix
ans, je vous jure que je rirai. Les enfants, quand ils
commenceront à parler, diront sûrement quelque
chose de drôle, ou bien le petit chien qu'on aura
acheté pour les amuser aura peur d'une ombre dans
la cour, ou même pour rien, parce qu'il fera chaud
soudain un jour, avec le soleil sur la mer, je rirai.

JEANNETTE

Oui, vous rirez.

FRÉDÉRIC

J'ai mal encore, et rien n'est sûr. Mais il y aura un matin tout neuf, un matin sans souvenirs où je me lèverai avec le jour et où les choses auront repris leur place. Je retrouverai, surgis d'un mauvais rêve, la maison repeinte au bout de la rue, ma table noire auprès de la fenêtre à l'étude, les heures lentes avec l'ombre de l'église qui s'allonge sur la place et le sourire de Julia, comme une eau calme, le soir. Il y aura un jour où je serai fort comme avant. Un jour où les êtres et les choses autour de moi ne seront plus éternellement question, mais certitude, réponse.

JEANNETTE

Oui, mon chéri.

FRÉDÉRIC *demande soudain sans bouger.*

Pourquoi ne vous ai-je pas retrouvée quand je suis revenu dans la nuit? *(Jeannette a un petit geste lassé sans répondre.)* J'avais mis mon mouchoir autour de votre blessure! Je vous avais prise dans mes bras. Je vous avais dit : « Je vous croirai toujours. » Vous me disiez que vous m'aimiez.

JEANNETTE *de sa petite voix, après un temps.*

Il ne fallait pas me laisser seule.

FRÉDÉRIC

Julia allait peut-être mourir.

JEANNETTE

Oui. Et c'était très raisonnable et très bon d'y aller tout de suite, mais c'était précisément cette seconde de la vie où les choses raisonnables et bonnes ne sont plus tout à fait justes.

FRÉDÉRIC

Elle venait de s'empoisonner à cause de nous.

JEANNETTE

Oui. Un peu avant peut-être, ou un peu après j'aurais peut-être pensé, moi aussi : « Pauvre Julia ! » Et je vous aurais attendu patiemment toute la nuit, heureuse de vous savoir rassuré au matin. Mais nous n'avons pas eu de chance, c'était justement la seconde où il ne fallait pas me laisser.

FRÉDÉRIC

Pourquoi ?

JEANNETTE *a un petit sourire triste.*

Vous me demandez toujours pourquoi. Croyez-vous que je le sache, moi ? J'étais comme un oiseau sur la plus haute branche, prête à m'envoler ou à faire mon nid. Je venais de passer mon bras à travers ce carreau ; je voyais couler mon sang pour vous et j'étais fière. Vous auriez pu me dire de sauter par la fenêtre, d'entrer dans le feu, je l'aurais fait. Je pouvais être pauvre toujours avec vous, vous être toujours fidèle. La seule chose que je ne pouvais pas, c'était de ne plus sentir vos mains sur moi.

FRÉDÉRIC

Pourquoi n'avez-vous rien crié ? Pourquoi m'avez-vous laissé sortir ?

JEANNETTE

C'était déjà trop tard. C'était juste au moment où votre main s'est détachée de moi que j'ai cessé d'être la plus forte. Vous ne m'aviez pas encore tout à fait lâchée, vous n'aviez pas encore fait un pas pour sortir que j'étais déjà redevenue la plus faible,

la moins sûre, la fille la moins faite pour vous.
Même si je l'avais voulu, je ne pouvais plus vous
rappeler.

FRÉDÉRIC

Avez-vous pensé que je reviendrais?

JEANNETTE, *après une hésitation.*

Oui. Mais c'est de vous attendre qui aurait été
malhonnête... *(Elle ajoute doucement.)* Même si
vous m'acceptiez, vous croyez que j'accepterais,
moi, de vous traîner derrière ma jupe, avec votre
visage tranquille ou défait suivant mes caprices, et
tous mes vilains défauts miaulant autour de moi
comme des chats? Vous croyez que j'accepterais de
vous tromper un jour comme les autres, sans
raison, et que vous me pardonniez après, parce que
j'aurais pleuré un peu — jusqu'à ce que je
recommence? J'aime mieux mourir... *(Un silence,
ils sont debout l'un devant l'autre, elle continue
doucement.)* C'est d'ailleurs ça que j'étais venue
vous dire. Le soir où je lui ai promis de l'épouser,
j'ai été à cet homme encore. Je suis faible et lâche à
nouveau, comme avant. Je suis redevenue le mensonge, le désordre, la paresse. Je suis redevenue
tout ce que vous n'aimiez pas et je ne peux plus
être votre femme, jamais! *(Elle s'arrête un peu et
ajoute de sa petite voix.)* Mais si vous le voulez,
pour que cela ait tout de même duré toujours, ce
que je peux, ce soir, c'est mourir avec vous.

*Un silence, puis Frédéric, sans la regarder, lui
répond sourdement :*

FRÉDÉRIC

Non. C'est trop lâche, il faut vivre.

JEANNETTE, *doucement.*

Avec les taches et les ratures, jusqu'à ce qu'on

soit bien vieux et bien laid et qu'on crève enfin
dans son lit en suant et en se débattant comme une
bête. La mer est si propre avec ses grandes vagues
qui lavent tout.

FRÉDÉRIC

Non. *(Un silence, il dit encore.)* La mer n'est pas
propre avec des milliers de cadavres. La mort non
plus. Elle ne résout rien. Elle escamote, ratant son
coup, oubliant derrière elle cette grosse caricature
qui se déforme et empuantit; cette énorme chose
honteuse qu'on ne sait plus soudain où cacher. Il
n'y a que les enfants, il n'y a que ceux qui n'ont
jamais veillé de cadavres pour la parer encore de
fleurs et croire qu'on doit mourir à la première ride
ou à la première peine. On doit vieillir. On doit
sortir un jour de son monde d'enfant et accepter
que tout ne soit pas aussi beau que lorsqu'on était
petit.

JEANNETTE

Je ne veux pas devenir grande. Je ne veux pas
apprendre à dire oui. Tout est trop laid.

FRÉDÉRIC

Peut-être. Mais cette horreur et tous ces gestes
pour rien, cette aventure grotesque, c'est la nôtre.
Il faut la vivre. La mort aussi est absurde.

*L'orchestre a repris là-bas. Jeannette dit
doucement.*

JEANNETTE

Alors je vais retourner danser. Ils doivent m'attendre là-bas. *(Elle lui crie soudain.)* Excusez-moi
d'être venue.

*Et elle disparaît en courant dans le jardin.
Julia paraît aussitôt, suivie de la mère. Frédéric
n'a pas bougé.*

JULIA

Tu es prêt, Frédéric?

FRÉDÉRIC *la voit, il répond après un temps*
imperceptible.

Oui.

JULIA

Tu penses que nous pouvons partir?

FRÉDÉRIC

Viens. *(Il va l'aider à descendre.)* Tu n'as pas
peur d'avoir froid dans la voiture?

LA MÈRE

J'ai une seconde couverture pour elle.

FRÉDÉRIC

Nous ne passerons pas par les Baux. Nous
couperons par le Marais. Le chemin a été refait cet
hiver. Nous serons à la maison avant la nuit.

LA MÈRE

Votre père et votre frère auraient tout de même
pu être là pour vous dire adieu, ma petite. Vous
savez où ils sont? A la buvette.

JULIA

Tant mieux. Je préfère ne pas les revoir.

Ils vont traverser la scène en parlant. Frédé-
ric s'arrête sur le seuil et regarde une dernière
fois la pièce en s'effaçant pour laisser passer
Julia, il dit machinalement :

FRÉDÉRIC

Passe. Tu n'oublies rien ici?

JULIA *s'arrêtant, lui demande soudain.*

Et toi?

FRÉDÉRIC *simplement, le regard loin.*

Je n'avais rien emporté en venant.

Ils sont sortis. Lucien surgit comme un diable de la cuisine et leur crie comme un forcené, leur faisant des signes d'adieu ridicules, debout sur le canapé, devant la fenêtre, leur jetant des fleurs.

LUCIEN

Vive la mariée! Vœux de bonheur! Vive la mariée!

LE PÈRE *entre en trombe.*

Tu l'as vue?

LUCIEN

Qui?

LE PÈRE

Jeannette.

LUCIEN

Où?

LE PÈRE

Là. Sur la grève.

Il le fait se retourner. Lucien regarde et ne dit rien.

LE PÈRE *qui regarde.*

Qu'est-ce qu'elle veut?

LUCIEN, *doucement.*

Prendre un bain.

LE PÈRE

Avec sa robe?

LUCIEN

Avec sa robe.

LE PÈRE

Mais la mer monte!

LUCIEN

La mer monte.

LE PÈRE

Elle ne se rend donc pas compte que là où elle se dirige, elle va être tournée.

LUCIEN

Elle connaît mieux la baie que toi.

LE PÈRE *crie.*

Oho! Jeannette! oho! Jeannette! bon Dieu!

LUCIEN, *doucement.*

Elle court. Elle ne t'entend pas avec le vent. Et puis, même si elle t'entendait, elle ne t'entendrait pas. Elle est foutue, papa, elle est foutue, la petite sœur.

LE PÈRE

Qu'est-ce que tu racontes? Tu crois que...

LUCIEN

J'en suis sûr.

LE PÈRE *court sur place.*

Crénom! Il faut faire quelque chose! Il faut

absolument faire quelque chose! Viens! prends des cordes. On va demander secours au château.

LUCIEN *l'arrête.*

Non.

LE PÈRE

Comment non?

LUCIEN

Je te dis qu'il ne faut rien faire. Laisse-la donc! D'abord il est trop tard et puis c'est un service que tu lui rends.

LE PÈRE *se dégage.*

Tu es un monstre! J'y vais par le petit bois!

LUCIEN

Vas-y. Cela te fera de l'exercice et cela sera moins vilain à regarder que d'ici.

Le père sort et rentre aussitôt en criant.

LE PÈRE

Hurrah! Hurrah! C'est Frédéric! Il l'a vue du chemin, il a sauté de la voiture! Allez-y! Voilà un homme! Il a pris la grève au petit pont. Il coupe par la lagune; il a de l'eau jusqu'aux genoux. Il ne passera pas.

LUCIEN *s'est rapproché et dit doucement.*

Il passera.

LE PÈRE

Il passe! Il est passé! Courage! Allez! allez! allez! Bravo, jeune homme. Quel sportif! Allez-y! allez-y!

LUCIEN *va soudain à lui et lui crie.*

Tais-toi! Tu te crois au football?

LE PÈRE

Comment au football?

LUCIEN

Tu es trop laid quand tu cries. Je te dis de te taire.

LE PÈRE, *interloqué.*

Mais je suis ton père.

LUCIEN *l'a pris par le revers de sa veste comme s'il allait le battre. Il le secoue.*

Je le sais! Seulement tu es trop bête et trop laid à la fin, et il y a des minutes où je n'en peux plus que tu sois mon père. En ce moment, c'en est une. Alors, tais-toi! Tu m'entends bien, tais-toi ou je t'assomme!

LE PÈRE, *qui voit Frédéric là-bas, crie en se dégageant.*

Il l'a rejointe! Il l'a rejointe! Lâche-moi! S'ils courent vers le sémaphore, ils passeront. Le chenal tourne avant et il reste toujours une bande de sable là-bas. Jeannette le sait; elle le sait sûrement! C'est leur dernière chance... Mais qu'ils courent, bon sang! qu'ils courent vite! Qu'est-ce qu'ils font à ne pas courir?

LUCIEN

Tu le vois ce qu'ils font. Ils se parlent.

LE PÈRE

Mais c'est insensé! Mais ils sont aussi fous l'un que l'autre. Quelqu'un ne va-t-il pas courir leur dire? Moi, je suis trop vieux! Ce n'est pas le moment de parler, nom d'un chien! *(Il leur crie, grotesque, les mains en porte-voix.)* Ne parlez plus! ne parlez plus!

LUCIEN, *doucement.*

Tais-toi ou je t'étrangle! Laisse-les parler. Laisse-les parler tant qu'ils le pourront. Ils ont beaucoup de choses à se dire.

> *Un temps haletant, ils regardent, accrochés l'un à l'autre.*

LUCIEN *reprend soudain.*

Et maintenant, tu le vois ce qu'ils font, vieil optimiste, dis, tu le vois? Ils s'embrassent. Ils s'embrassent avec la mer qui leur galope aux talons. Tu n'y comprends plus rien, n'est-ce pas, vieux Don Juan, vieux raté, vieux cocu, vieille loque!

> *Il le secoue abominablement.*

LE PÈRE *hurle, tentant de se dégager.*

Mais la marée! la marée, nom d'un chien! *(Il crie, ridicule, impuissant.)* Prenez garde à la marée!

LUCIEN

Ils s'en moquent de ta marée, et de tes cris, et de Julia et de la mère qui les regardent du chemin, et de nous tous! Ils sont dans les bras l'un de l'autre et ils n'en ont plus que pour une minute à se tenir.

LE PÈRE *se dégage enfin et sort en criant.*

Il ne sera pas dit que je n'aurai rien fait. Je les rejoins par le sentier de la douane!

LUCIEN

C'est ça. Ne te mouille pas les pieds.

*Lucien regarde seul toujours la mer au loin,
immobile. Il dit soudain sourdement.*

LUCIEN

Amour, triste amour, tu es content? Cher cœur,
cher corps, chère romance. Est-ce qu'on n'a pas des
métiers à faire, des livres à lire, des maisons à bâtir?
Est-ce que ce n'est pas bon, aussi, le soleil sur la
peau, le vin frais dans le verre, l'eau du ruisseau,
l'ombre à midi, le feu l'hiver, la neige et la pluie
même, et le vent, et les arbres, et les nuages, et les
bêtes, toutes les bêtes innocentes, et les enfants
avant qu'ils ne deviennent trop laids? Triste
amour, dis, est-ce que tout aussi n'est pas bon?

*Il se détourne brusquement de ce qu'il regar-
dait comme s'il ne voulait plus voir. Il va à la
table, se verse un verre de vin et dit doucement,
regardant le plafond.*

LUCIEN

Voilà. Tu es satisfait? C'est bien ainsi que tout
devait se passer. Je leur avais pourtant dit que tu
n'aimais pas cela. *(Un temps, il se verse un autre
verre.)* Excuse-moi, Seigneur, mais tu donnes soif.

*Il vide son verre d'un trait. Le facteur paraît
sur le seuil dans sa pèlerine sombre.*

LE FACTEUR

Les enfants! Les enfants!

LUCIEN *bondit sur lui.*

C'est pour moi, enfin, cette fois?

*Il a arraché la lettre des mains du vieil
homme, il la décachette fébrilement, jette un coup
d'œil puis, la fourrant dans sa poche, il va
prendre sans un mot son sac et son chapeau au
porte-manteau.*

LE FACTEUR, *pendant qu'il se charge.*

Alors?

LUCIEN *se retourne et lui dit doucement.*

Il n'y a plus d'enfants. Adieu, facteur.

Il lui donne une petite bourrade amicale et s'enfonce dans le soir sans se retourner. Le rideau tombe.

FIN DE ROMÉO ET JEANNETTE

DU MÊME AUTEUR

MONSIEUR BARNETT suivi de L'ORCHESTRE.

L'ARRESTATION.

LE SCÉNARIO.

CHERS ZOISEAUX.

LA CULOTTE.

LA BELLE VIE suivi de ÉPISODE DE LA VIE D'UN
  AUTEUR.

LE NOMBRIL.

PIÈCES BRILLANTES.

PIÈCES COSTUMÉES.

PIÈCES GRINÇANTES.

NOUVELLES PIÈCES GRINÇANTES.

PIÈCES NOIRES.

NOUVELLES PIÈCES NOIRES.

PIÈCES ROSES.

PIÈCES BAROQUES.

PIÈCES SECRÈTES.

COLLECTION FOLIO

Dernières parutions

Impression Bussière à Saint-Amand (Cher),
le 12 août 1992.
Dépôt légal : août 1992.
1er dépôt légal dans la collection : août 1980.
Numéro d'imprimeur : 2249.
ISBN 2-07-037218-9./Imprimé en France.